DIÁLOGOS DEL ESCÉPTICO

François de La Mothe Le Vayer

DIÁLOGOS DEL ESCÉPTICO
De la divinidad
De la vida privada

*Estudio prelimininar, traducción y notas
de Fernando Bahr*

La Mothe Le Vayer, François de
Diálogos del escéptico:
De la divinidad - De la vida privada; 1ª ed.; Buenos Aires
El Cuenco de Plata, 2005
200 pgs.; 21x12 cm.; (el libertino erudito)

Título original: *Dialogues faits à l'imitation des anciens*
Traducido por: Fernando Bahr

ISBN 987-1228-10-4

1. Filosofía 2. Ética I. Tatián, Diego, dir. II. Bahr, Fernando, prolog. y trad. III. Título

CDD 170

el cuenco de plata / el libertino erudito

Director editorial: Edgardo Russo

Diseño y producción: Pablo Hernández

© 2005, del prólogo y la traducción: Fernando Bahr
© 2005, El cuenco de plata
México 474 Dto. 23 (1097) Buenos Aires, Argentina
www.elcuencodeplata.com.ar

REALIZADO CON EL APOYO DEL FONDO CULTURA B. A.
DE LA SECRETARÍA DE CULTURA DEL G. C. B. A.

Impreso en agosto de 2005

Prohibida la reproducción parcial o total de este libro sin la autorización previa del editor.

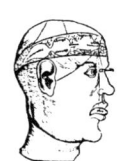

El libertino erudito

Colección dirigida por Diego Tatián

INTRODUCCIÓN

1. *Vida y escritos*

François de La Mothe Le Vayer nació en París el 1° de agosto de 1588 en el seno de una antigua familia bretona. Su padre, Felix, era abogado y llegó a ser sustituto del Procurador General del reino; François, el hijo mayor, continuó a su padre en el ejercicio de las leyes y como herencia, en 1625, recibió asimismo el cargo de aquel. No fue lo único que heredó. Félix gustaba de las letras y publicó en 1579 un tratado sobre los deberes y privilegios de los embajadores bajo el título de *Legatus*. François se lanzó en cuanto pudo a la misma actividad, pero no con comentarios jurídicos que apenas llegó a detestar, sino con una interpretación del Antro de las Ninfas (libro XIII de la *Odisea*) particularmente cargada de erotismo que sólo se atrevió a hacer circular entre los amigos y que llegó a la imprenta muchos años después, como parte del *Hexaméron rustique* aparecido en 1670, es decir, dos años antes de su muerte.

Podría haber continuado por el camino del desenfreno puesto que, según nos dice, no estaba mal dotado para ello, pero el "buen Genio" lo llevó al encuentro "de algunas personas de buenas intenciones" que le mostraron "las primeras luces de la buena filosofía"[1]. Una de estas personas pudo haber sido el piamontés y barnabita Redento Baranzani, su primer maestro en la opinión de Pintard, ecléctico admirador de Aristóteles, Telesio, Patrizi, Bacon y Campanella[2]. Pero es más seguro que François (o Hesiquio, el portavoz en el diálogo) se estuviera refiriendo a los eruditos que frecuentó en el famoso *"cabinet"* de los Dupuy, hermanos tan amantes de la ciencia como celosos guardianes de la primera ley de la República (prekantiana) de las Letras: que lo que se dice entre amigos, más aún si es peligroso, debe quedar entre amigos[3]. Allí trabó afectuosos vínculos especialmente con Elie Diodati, admirador y confidente de Galileo nacido en Ginebra en 1576, con Pierre Gassendi (1592-1655) sacerdote, astrónomo y filósofo epicúreo cuya "carnalidad" despertó las iras de Descartes en las respuestas a las Quintas Objeciones de las *Meditaciones metafísicas*[4], y con el joven Gabriel Naudé (1600-1653), bibliófilo, traductor, politólogo y secretario cardenalicio, organizador de la prestigiosa biblioteca *Mazarine* tan maltratada por los disturbios de la Fronda en

---

[1] Véase *infra*, "Diálogo a propósito de la vida privada".
[2] René Pintard, *Le libertinage érudit dans la première moitié du XVIIe. siècle*, Paris, Boivin, 1943, tomo I, p. 133.
[3] Pintard nos da una vívida descripción de las costumbres en la academia de los hermanos Dupuy. Véase *ibid.*, pp. 92-97.
[4] Véase Réne Descartes, *Meditaciones metafísicas con objeciones y respuestas*, edición de Vidal Peña, Madrid, Alfaguara, 1977, pp. 277-322. Sobre el pensamiento de Gassendi, la obra clave corresponde a Oliver Bloch, *La philosophie de Gassendi. Nominalisme, materialisme et metaphysique*, La Haye, Martinus Nijhoff, 1971. Sobre la polémica con Descartes también es muy útil, del mismo Bloch, *Màtiere à histories*, Paris, Vrin, 1997.

1652[5]. Estos cuatro amigos bautizaron entonces sus encuentros con el nombre de *"La Tétrade"*, la primera cofradía del libertinismo erudito.

Las compañías y los viajes me hicieron filósofo, dice Hesiquio. Se sabe que conoció Madrid y Londres acompañando a Guillaume Bautru, "el más espiritual y más escéptico de los embajadores de Francia"[6]. Y en medio de esas jornadas europeas, o en su retiro de París, viajó por todo el mundo leyendo a Diodoro Sículo, a León el Africano, a los jesuitas de la China, a Ramusio, a José de Acosta, a Gonzalo Fernández de Oviedo y Valdés, a Luigi Barthema, a Antonio Pigafetta, a Samuel de Champlain, a Nicolas Trigault, a Cristoforo Borri. Al cabo de tantas aventuras del conocimiento, decidió que ya era tiempo de escribir algo más que comentarios indecentes sobre las ninfas de Homero.

En 1630, bajo el seudónimo de Orasius Tubero y con un falso pie de imprenta ("Francfort, I. Saurus, 1506"), publicó sus *Quatre dialogues faits à l'imitation des anciens*: "Sobre la filosofía escéptica", "El banquete escéptico", "Sobre la vida privada" y "Sobre los asnos de esta época"; al año siguiente, otros cinco diálogos: "Sobre la testarudez", "Sobre el matrimonio", "Sobre la política", "Sobre la loable ignorancia" y "Sobre la divinidad". En 1632, una nueva edición, con los nueve diálogos, corregida, modernizada y

---

[5] En el caso de Naudé, el estudio más destacado se lo debemos a Lorenzo Bianchi, *Rinascimento e libertinismo. Studi sul Gabriel Naudé*, Napoli, Bibliopolis, 1996.

[6] Pintard, *op. cit.*, p. 137

aumentada. Para entonces era esposo y padre de un hijo, el futuro abad de La Mothe Le Vayer, camarada de Jean-Baptiste Poquelin o Molière.

Los nueve diálogos de Orasius Tubero, a partir de un número muy reducido de ejemplares (no más de cincuenta), se difundieron en los círculos y academias de *"savants"* haciendo ya de su autor una estación inevitable en el tren del libertinismo. Los temas que trata son clásicos de este movimiento, como veremos: críticas al consentimiento universal sobre la existencia de Dios, defensa de la superioridad del sabio frente al vulgo, relativismo moral, dudas frente a la inmortalidad y la providencia, máxima tensión entre libertad humana y presciencia divina, divorcio de la razón y la fe, justificación política (y sólo política) de los cultos religiosos. Todo ello, en el caso particular de Le Vayer, atravesado por la potencia de los tropos escépticos, del décimo en especial, que "se vincula principalmente a las cuestiones morales, a las reglas de conducta, a las leyes, a las creencias legendarias y a opiniones dogmáticas" y constata que dada la presencia de "una contrariedad tan grande en las cosas, no podemos decir lo que es el objeto por naturaleza sino cómo se aparece en relación a tal regla de vida, a tal ley, a tal costumbre, etc."[7] La *epojé* o suspensión del juicio acerca de la verdadera naturaleza de las cosas nos espera.

---

[7] Las citas provienen de Sexto Empírico, *Bosquejos pirrónicos*, I, xiv, 135 y 163. Un análisis pormenorizado de estos argumentos se encontrará en Gisela Striker, "The Ten Tropes of Aenesidemus", Myles Burnyeat (Ed.), *The Skeptical Tradition*, Berkeley, University of California Press, 1983, pp. 95-115.

François podía considerarse en aquel momento un aventajado discípulo de Montaigne o del "admirable" Charron. No obstante, amedrentado por los efectos de su audacia o aconsejado por la prudencia, se detiene en esa indagación liberadora y busca trabajo en el entorno del cardenal Richelieu. Orarius Tubero desaparece y se ve reemplazado por un funcionario del reino, un funcionario bastante fiel que compone *Considérations sur l'Eloquence française de ce temps*, reúne pruebas en un *Petit discours chrétien de l'Immortalité de l'Ame*, y aconseja sobre la *Instruction de Monseigneur le Dauphin*. Esta serie de obras edificantes le permite ser recibido en 1639 como miembro de la Academia Francesa. En 1642, es cierto, publica un libro importante, *De la vertu des payens*, donde hace una encendida defensa de la moralidad laica, pero acaso tenga razón Pintard al sostener que también una moral sustraída al control de la religión (romana) podía ser valiosa a los ojos de Richelieu[8].

En cualquier caso, el cardenal creyó que era eterno sólo hasta el 4 de diciembre de 1642. Y su muerte, no hay duda, resulta ocasión favorable para la resurrección del escéptico. En 1643 y 1644 Le Vayer publica sus *Opuscules*, en 1646 el *Petit traité sceptique sur cette commune façon de parler: n'avoir pas le sens commun*. Esa resurrección no es tan fácil, de todas maneras; en 1647, el cardenal Mazarino lo designa preceptor del duque de Anjou, hermano de Luis XIV, y en la primera edición de sus obras completas, realizada por su propio hijo en 1653, Orasius Tubero no se encuentra. Tampoco esta-

---

[8] Pintard, *op. cit.*, I, p. 520.

rá, por supuesto, en la serie de tratados *ad usum Delphini* (sobre geografía, retórica, moral, economía, política, lógica y física), que compone entre 1651 y 1658. Le Vayer deberá cumplir los 70 años antes de aceptar que ya ha hecho bastante por el reino. En 1661, con la *Prose chagrine*, finalmente firma su acta de despedida de la vida mundana y de los amigos, y poco a poco vuelve a paladear en solitario los manjares peligrosos de la *epojé*: en las cuatro *Proménades* (1662-1664), en las *Homilies académiques* (1664), en los *Problèmes sceptiques* (1666) y en los *Deux discours, le premier du peu de certitude qu'il y a dans l'histoire, le second de la conaissance de soi-mesme* (1668). Cuatro años antes de que esta última obra apareciera había muerto su hijo dejándolo libre de vínculos personales con la Iglesia; viudo desde 1655, cuatro años antes se había vuelto a casar. El viejo libertino, rumbo a su octava década de vida, recuerda y florece.

En 1670 salen a luz sus *Soliloques sceptiques,* y en el mismo año su *Hexaméron rustique, ou les six journées passées à la campagne entre des personnes studieuses*, agregando el endiablado *L'antre des nymphes*. En 1671, Orasius Tubero en persona: los cuatro diálogos de 1630 con el agregado de *De la divinité* (titulado entonces *De la diversité des religions*). Muere el 4 de mayo de 1672. Para sus detractores estaba ya definitivamente extraviado; para sus admiradores, nacía la leyenda del "Plutarco francés"[9].

---

[9] Los juicios de unos y otros pueden verse en el *Dictionnaire historique et critique* de Pierre Bayle, artículo "Vayer", Obs. C y K, tomo IV de la edición canónica de 1740 (Ámsterdam/Leyde/La Haye/Utrecht, P. Brunnel *et al.*), tomo XIV de la edición de 1820 (Paris, Desoer).

2. *El libertinismo erudito*

Pocos términos se muestran más reacios a la hora de buscar su definición en la Modernidad clásica como el de "libertinos" o "libertinismo", seguramente porque se trata de un movimiento cultural que reúne individuos a veces muy diversos entre sí y no de una filosofía concreta con su precisa doctrina. Conciente de esta dificultad, Alberto Tenenti[10] ha hecho un muy elogiable esfuerzo para rastrear el origen del término y clasificar a partir de allí los distintos tipos de personajes que lo encarnaron (desde la perspectiva de sus adversarios, por supuesto, dado que nadie se hubiera atrevido a autodenominarse así).

Para Tenenti, en consecuencia, deberían considerarse tres tipos básicos de libertinos. El primero, "el libertinaje antes del libertinaje", correspondería a los "nicodemitas" y "libertinos espirituales", herederos de los anabaptistas contra los cuales escribió Calvino en 1547, denunciando que se amparaban en la distinción entre "hombre exterior" y "hombre interior" para reducir a Cristo y todos los sacramentos cristianos a meros símbolos. Contaron éstos con un texto fundacional compuesto probablemente por Jean Ferré, *La déclaration de l'homme extérieur et de l'homme*

---

[10] Alberto Tenenti, "Libertinaje y herejía a mediados del siglo XVI y comienzos del XVII", comunicación al Coloquio de Royaumont publicada originalmente en *Annales*, XVIII, n° 1, enero-febrero de 1963, pp. 75-80 y reimpresa en Jacques Le Goff, *Herejías y sociedades en la Europa preindustrial, siglos XI-XVII*, Madrid, Ministerio de Educación y Ciencia / Siglo XXI Editores, 4ta. edición, 1999 (1ra., 1997), pp. 231-248.

interieur, l'un selon la chair et l'autre selon l'esprit, con la protección de Margarita de Navarra, hermana del rey Francisco I, con un apóstol, Caspar Schwenckfeld, y con un mártir de fama, Miguel Servet. Su invitación era a no detenerse en las eternas discusiones sobre "un sentido literal del Evangelio o del conocimiento de *algunas tradiciones humanas*" para alcanzar finalmente "la espiritual generación de Dios vivo"[11], generación que cada hombre podía conseguir por sí mismo, sin mediación de una Iglesia en particular. Para nombrar a los responsables de tales aberraciones se acuñaron dos palabras: "*acristos*" y "*ateos*"[12].

El segundo tipo de libertinismo, según Tenenti, cuenta con un nombre propio, Jean Bodin (1529-1596), y se difunde de manera clandestina por medio de un libro que recién en 1857 alcanzó su primera edición completa, el *Colloquium Heptaplomeres de abditis rerum sublimium arcanis* o *Diálogo de los siete sabios acerca de los secretos ocultos de las cosas sublimes*. En esta obra, Bodin hace conversar a un católico, un luterano, un calvinista, un judío, un musulmán, un escéptico y un deísta acerca de sus convicciones religiosas.

Al término del civilizado diálogo, es el deísta, Toralba, el que parece emerger triunfante, y con él la

---

[11] Citado *ibid.*, p. 233. Las cursivas son mías; resultan importantes para vincular este movimiento con un rasgo destacado, como veremos, del "libertinismo erudito": la consideración de las religiones como invenciones humanas destinadas a asegurar la sumisión política del populacho.

[12] Sobre este tema puede consultarse con provecho, asimismo, el estudio clásico de Henri Busson, *Le rationalisme dans la littérature française de la Renaissance (1533-1601)*, Paris, Vrin, 1957, Caps. X y XI, pp. 296-357.

idea de que la verdad religiosa no puede ser diferente a la verdad moral o, dicho de otra manera, que Dios es una presencia interior a todo hombre que no requiere de dogmas ni de creencias irracionales (Encarnación, virginidad, sacramentos, Resurrección, etc.). Este racionalismo moral estricto daría lugar, así, a un nuevo tipo de libertino y haría de Bodin un padre filosófico para el deísmo de finales del siglo XVII y todo el XVIII, el de Locke, Toland, Collins y Voltaire. Es una doctrina cuidadosamente reservada a la minoría de los sabios y ajena tanto al escepticismo *strictu sensu* como a las escatologías espirituales.

El tercer tipo de libertinos, por fin, es el más nos interesa a la hora de procurar entender a los "eruditos". Para Tenenti, también nace con nombre propio, el de Pierre Charron (1541-1603), discípulo y amigo de Michel de Montaigne, y con un testimonio escrito de su gestación, el tratado *De la sagesse*, publicado en 1601, obra de combate "contra los 'pedantes', contra los espíritus débiles y toda clase de locos, incluyendo los ciegos partidarios de las distintas religiones"[13]. Obra de un espíritu fuerte ("*esprit fort*"), prudente y sensata a la vez, capaz de una libertad "plena, íntegra, generosa" de inteligencia y de voluntad[14], dispuesta a mirarlo todo y "a retener el juicio en suspensión [...] sin obligarse o comprometerse a ninguna opinión, ni resolver ni determinar, ni empecinarse ni aferrarse a una idea"[15].

---

[13] Tenenti, *op. cit.*, p. 240.
[14] Pierre Charron, *De la sabiduría*, prefacio y libro II, cap. 2, traducción de Elsa Fabernig, Buenos Aires, Losada, 1948, pp. 12 y 262.
[15] *Ibid*, II, 2, p. 262

Obra también de adaptación al estado presente de las cosas, que no pretende "echar a perder ni agitar nada"[16], y conciente de que, por el dominio del vulgo, "bestia extraña con muchas cabezas, difícil de describir en pocas palabras, inconstante y variable, sin más reposo que las olas del mar"[17], casi nunca aquel espíritu universal podrá traducirse en acciones y sólo se disfrutará con los amigos o en la solitaria intimidad.

"Intus ut libet, foris ut moris est" ("interiormente, actúa como te plazca; exteriormente, como se acostumbra"). Charron reformula de esta manera la distinción de los libertinos espirituales entre el hombre interior y el hombre exterior, que sigue siendo asimismo una distinción entre el hombre según el espíritu y el hombre según la carne, pero donde "espíritu" significa "razón y naturaleza" y "carne", "conciencia de la particularidad que nos ha tocado". Desde aquí se dibujan las dos riberas que limitan la marcha curiosa del espíritu universal: por debajo, "la observancia de las leyes, costumbres y de lo que es de uso ordinario"[18] (incluyendo las religiones positivas, *todas* "ajenas al sentido común", *todas* productos "de manos y medios humanos" por más que se digan provenientes de Dios)[19]; por arriba, "las verdades divinas que nos ha revelado la sabiduría eterna, y

---

[16] *Ibid*, II, 2, p. 263. "No hay remedio, el mundo está hecho así", dirá Charron más adelante (II, 8, p. 334).
[17] *Ibid.*, I, 48, ed. cit., p. 224.
[18] *Ibid.*, II, 2, p. 262.
[19] *Ibid.*, II, 5, p. 296.

que hay que recibir con toda humildad y sumisión, creer y adorar simplemente"[20]: aquí reside la fuente incognoscible e inimaginable de la naturaleza y la razón, únicos alimentos de la probidad del sabio. De esta manera, concluye Tenenti, "el autor de *La sagesse* exime al librepensamiento de toda hipoteca eclesiástica y sanciona el divorcio entre la ética y la religión [...] Dios es proyectado tan lejos de sus criaturas, que las religiones pierden todo carácter divino y la moral del sabio resulta, en definitiva, independiente y puramente humana"[21].

"Intus ut libet, foris ut moris est", Gabriel Naudé habría conocido esta máxima latina en Padua por boca de Cesare Cremonini y la propuso como divisa del libertinismo erudito. Sobre tal duplicidad organizaba su vida el *"esprit fort"* de Charron, gozando del espíritu universal en la interioridad y adaptándose exteriormente a las costumbres y creencias de sus conciudadanos. Los libertinos de la primera mitad del siglo XVII, sobre todo después de la condena a muerte (cumplida) de Giulio Cesare Vanini, en 1619, y la con-

---

[20] *Ibid.*, II, 2, p. 262.
[21] A. Tenenti, *op. cit.*, pp. 242-243. También Tullio Gregory ("Il libertinismo della prima metà del Seicento, en T. Gregory *et al.* (comp.), *Ricerche su letteratura libertina e letteratura clandestina nel Seicento*, Firenze, La Nuova Italia Editrice, 1981, p. 15) ha destacado la importancia de las ideas de Charron en este sentido: "La duda vuelve libre: renunciando a visiones totalizantes, a valores universales, es posible definir un ámbito humano en el cual se afirme el primado de la razón, fundamento de una ética autónoma, sin hipotecas religiosas. La neta distinción entre moral y religión es particularmente significativa: contra una ética servil ligada al miedo en el más allá, Charron afirma el comportamiento que se funda en la naturaleza y la razón".

dena a muerte (conmutada por exilio) de Théophile de Viau en 1625, comprendieron cuánta razón tenía[22]. Comprendieron también que, a partir de allí, la única alternativa al silencio podía ser una escritura "cifrada", con guiños y meandros que sólo los semejantes pudieran reconocer y completar en su más profundo significado. El lector se transformaba de esta manera en "cómplice" (feliz o rabioso) de lo que la pluma del autor sugería y callaba, era el encargado de completar el significado del texto rehaciendo el camino por otros textos que el escritor había completado antes de transformarlo en sus propias palabras. Varias décadas después, en una sátira titulada *Harangue du Duc de Luxembourg*, Pierre Bayle lo expresó con la mayor claridad: "es preciso dejar adivinar al lector al menos la mitad de aquello que se quiera decir, sin temor a no ser comprendido. Con frecuencia la maldad del lector va incluso más lejos que la nuestra: hay que confiar en ella, es lo más seguro"[23].

Ahora bien, en su escritura cifrada y tras las huellas de *La sagesse* de Charron, ¿qué temas trataron los libertinos eruditos dándole al movimiento ese aire de familia tan fácil de oler como difícil de consolidar? Tullio Gregory ha hecho una colección al respecto, que nos resultará muy útil.

El primer rasgo que se destaca es el más patente, y de allí proviene su condición de "erudito": la pre-

---

[22] Véase Pintard, *op. cit.*, pp. 33-34.
[23] P. Bayle, *Harangue du Duc de Luxembourg*, en *Oeuvres diverses*, edición de Elisabeth Labrousse, Hildesheim/New York, G. Olms, 1964-1982, tomo V-1, p. 144.

sencia de determinados autores antiguos y modernos como "maestros", autores postergados o desmentidos en su mayoría a los que se acudía para "delinear el inventario de los 'errores' humanos" y encontrar "los instrumentos de una polémica contra escalas de valores santificadas"[24]. Se cita a Platón, Aristóteles y santo Tomas, pero junto a ellos, casi siempre, a Averroes, Alejandro de Afrodisia y Pietro Pomponazzi; en cualquier caso, más que por medio de Aristóteles, el mundo antiguo se ve con los ojos de Diógenes Laercio, de Sexto Empírico, de Filóstrato, de Plutarco, de Cicerón, de Lucrecio, de Plinio, de Luciano. El objetivo, observa agudamente Gregory[25], era presentar una historia de la filosofía alternativa a la "*docta religio*" o "*pia philosophia*" que soñaba continuar en el Renacimiento Marsilio Ficino, una historia de la filosofía que en lugar de buscar la unión de piedad y pensamiento desde Adán hasta el propio Ficino, pasando por Pitágoras, Platón y los Santos Padres, fuera capaz de revelar la íntima discordia entre aquellos dos elementos poniendo al lector ante la disyuntiva de elegir *o* la piedad *o* el pensamiento, sin "síntesis" apresurada[26].

Estos autores, antiguos y renacentistas, por otra parte, además de señalar las fracturas y locuras sobre las que se había montado la "historia sagrada"

---

[24] Véase Gregory, *op. cit.* p. 6.
[25] *Ibid.*, p. 12.
[26] Sobre el programa histórico del platonismo renacentista, puede verse Paul O. Kristeller, *Il pensiero filosofico di Marsilio Ficino*, Firenze, La Lettere, 1988, pp. 11-20, y Miguel Ángel Granada, *El umbral de la Modernidad*, Barcelona, Herder, 2000, pp. 83-167.

de la filosofía, constituían una tradición propia, la tradición "naturalista", que "contribuye a señalar los límites dentro de los cuales deben encontrar explicación todos los fenómenos, reconduciendo a 'causas naturales' las intervenciones milagrosas, y ofrece los fundamentos de una ética mundana, libre de los mitos religiosos"[27]. He allí parte esencial de lo que se ha llamado el "paradigma renacentista"[28], que se nutre sobre todo de Cicerón y su explicación de los milagros como ignorancia de las causas[29] y sumando argumentos tomados del averroísmo latino desemboca con fuerza en Pietro Pomponazzi: en el *De incantationibus* (1520, publicado póstumamente en 1556), donde los milagros se explican recurriendo el tremendo poder de la *vis imaginativa*, y en el *De immortalitate animae* (1516), donde lo propiamente humano deja de ser el coloquio del alma con Dios para instalarse en la vida terrena, en la práctica de la virtud por sí misma, ajena en su superioridad a los presuntos premios y castigos del más allá[30]. Los libertinos eruditos, por su parte, retomarán y profundizarán en ambas cuestiones. Así, el propio La Mothe

---

[27] Gregory, *op. cit.*, p. 6.
[28] Véase al respecto Salvio Turró, *Descartes. Del hermetismo a la nueva ciencia*, Barcelona, Anthropos, 1985, especialmente capítulos V y VI.
[29] Véase *De divinatione*, 2.22 (p. 163 de la edición de Charles Appuhn, Paris, Garnier, 1952).
[30] Véase Pietro Pomponazzi, *Trattato sull'immortalità dell'anima*, edición de Vittoria Perrone Compagni, Firenze, Leo S. Olschki Editore, 1999, especialmente cap. XIV, 60, pp. 98-99. Sobre ambos aspectos son valiosos los aportes de Martín L. Pine, *Pietro Pomponazzi Radical Philosopher of the Renaissance*, Padova, Editrice Antenore, 1986, caps. II y III.

Le Vayer, en sus *Petits traités en forme de lettres écrites à diverses personnes studieuses*, se va a ocupar de realzar la incredulidad como "el nervio y el sostén más fuerte de la sabiduría"[31] y explicará el éxito de los oráculos a partir de la tendencia supersticiosa del animal humano, tendencia que aprovechan los supuestos profetas para lucrar con el engaño del pueblo y utilizar políticamente sus falsos conocimientos del porvenir[32]. También el segundo tema, la defensa de la ética mundana, está presente; baste recordar al respecto al propio Hesiquio, quien califica su propia vida de "divina" no en virtud de una esperanza en el más allá sino en virtud de un placer *presente*: "el loto y la ambrosía de las encantadoras contemplaciones" que permiten al sabio vivir sin miedo y en perfecta libertad frente a cualquier amenaza económica, jurídica o sacerdotal[33].

La historia de la filosofía como historia de la incredulidad y la búsqueda de razones naturalistas para los eventos del mundo, por extraordinarios que parezcan, hasta aquí se han señalado dos rasgos que caracterizan al libertinismo erudito del siglo XVII.

---

[31] *Petits traitez, Lettre LXXXVII, Des quelques créances mal fondées*, en *Oeuvres*, Genève, Slatkine Reprints, 1970, tomo II, p. 561. Citado por Carlo Borghero, *La certeza e la storia. Cartesianesimo, pirronismo e conoscenza storica*, Milano, Franco Angeli Editore, 1983, p. 68.

[32] *Petits traitez, Lettre CVI, Des oracles, op. cit.*, II, p. 627. Citado por C. Borghero, *op. cit.*, p. 69. Se encontrarán muchos ejemplos de este recurso político a la credulidad en Gabriel Naudé, *Consideraciones políticas sobre los golpes de Estado*, IV, 161-180, edición de C. Gómez Rodríguez, Madrid, Tecnos, 1998, pp. 178-198.

[33] Véase *infra*, *Diálogo a propósito de la vida privada*, hacia el final.

Quedan otros dos. El primero constituye la médula de los escritos de François, pues se trata de un "destacado relativismo escéptico que se configura como renuncia a la metafísica y a las visiones totalizantes"[34]. La obra iniciada por el "divino Sexto", que Montaigne, y de manera particular Charron, rescatara en su carácter explosivo para la Modernidad clásica. Ya hemos mencionado al respecto la importancia que Le Vayer concede a los argumentos o tropos del escepticismo griego y en particular al décimo de ellos, según el orden dado en los *Bosquejos pirrónicos*, el tropo de la relación (*apo tou pros ti*) aplicado específicamente a juicios de valor: costumbres religiosas y creencias morales. En el mismo sentido, Richard Popkin pudo observar que mientras Montaigne empieza por la crítica a los sentidos y concluye en el problema del criterio de verdad, a los *"libertins érudits"* (exceptuando a Gassendi y Samuel Sorbière) les interesó menos tratar el nivel estrictamente filosófico del pirronismo que poner en evidencia la diversidad de conductas morales y religiosas presentes en el mundo[35]. El objetivo en uno y otro caso parece ser el mismo: debilitar el dogmatismo y bajar el tono a las polémicas religiosas abriendo el espacio político para una convivencia interconfesional[36]. Los eruditos, sin

---

[34] T. Gregory, *op. cit.*, p. 6.
[35] Véase Richard Popkin, *The History of Skeptcism from Erasmus to Descartes*, Assen, Van Gorcum, 1960, pp. 52-54, 91-92 y 99-100.
[36] Para este aspecto, en Montaigne, véase Stephen Toulmin, *Cosmopolis. The Hidden Agenda of Modernity*, Chicago, The University of Chicago Press, 1990, cap. II, especialmente pp. 50-56. Hay traducción castellana, *Cosmópolis. El trasfondo de la modernidad*, Barcelona, Península, 2001.

embargo, amparados justamente por la enorme masa de datos que les proveían los escritores de la antigüedad greco-latina y la más reciente literatura de viajes, dotaron de una fuerza hasta entonces desconocida al aparato lógico heredado del "divino Sexto". Atravesaron las Columnas de Hércules: documentos, y no sólo conjeturas, hacían de la misma Europa cristiana un capítulo de la historia universal. La escala se extendía hasta incorporar tierras remotísimas en el tiempo y en el espacio; por el mismo movimiento, la religión europea aparecía bajo una luz más potente en su específico lugar, como un episodio en el despliegue del teatro humano, con su fecha de nacimiento, su desarrollo y también su fecha de caducidad, como un artificio, en suma, que domina *de facto* el momento presente pero sobre cuya verdad absoluta la suspensión de juicio se impone con naturalidad[37].

Estamos ahora en condiciones de derivar sin esfuerzo el último rasgo que descubre Tullio Gregory como característico de libertinismo erudito: "un progresivo alejamiento de lo sagrado, su exclusión de la historia, una reducción de los ritos y mitos religiosos a la esfera de los comportamientos exteriores, prácticos, políticos"[38]. ¿Por qué somos cristianos?

---

[37] "De todo esto, por lo general, no se alejará demasiado quien considere con atención cómo esta gran esfera del universo, tras haber iniciado su ronda, no ha cesado un instante de arrastrar y hacer rodar consigo a las monarquías, las religiones, las sectas, las ciudades, los hombres, animales, árboles, piedras y, en general, cuanto se halla contenido y encerrado en el interior de esta gran máquina. Ni tan siquiera los cielos se libran de las mutaciones y de la corrupción" (G. Naudé, *op. cit.*, IV, 140, p. 160).

[38] T. Gregory, *op. cit.*, p. 6.

La respuesta la había dado Montaigne: "por los mismos motivos que somos perigordinos o alemanes"[39], es decir, por un sinnúmero de factores casuales que nos han hecho nacer en este preciso momento y lugar. Postular un plan sagrado que nos haga herederos exclusivos de la gracia divina es aventurarse mucho más allá de lo que el alcance de la experiencia parece enseñar. Por lo demás, esa misma desmedida pretensión se encuentra en muchos otros pueblos del presente y del pasado; cada uno podría alegar milagros y testimonios a su favor, todos igualmente sospechosos de manipulaciones interesadas. Ahora bien, si esto es así, ¿por qué continuar comportándonos como tales? Sexto podría haber respondido: porque nos dejamos guiar por las apariencias y observamos las reglas de la vida, reglas que así como nos disponen a comer cuando tenemos hambre y a beber cuando tenemos sed, también nos disponen a aceptar la transmisión de costumbres y leyes, sin creer en su verdad[40]. A los escépticos modernos, en cambio, ya no les satisface esa respuesta. Como ha señalado Julia Annas[41], su aspiración no es dejarse guiar por las apariencias sino evitar los errores, o, más bien, com-

---

[39] Michel de Montaigne, *Ensayos*, II, XII, 422 (edición de M. Dolores Picazo y Almudena Montojo, Barcelona, Altaya, p. 140).
[40] Véase Sexto Empírico, *Bosquejos pirrónicos*, I, xi, 22-24.
[41] J. Annas, "Prescindiendo de valores objetivos: estrategias antiguas y modernas", en M. Schofield y G. Striker (comp.), *Las normas de la naturaleza. Estudios de ética helenística*, Buenos Aires, Manantial, 1993, pp. 13-40. Es de gran ayuda en este tema, asimismo, Richard Popkin, "Scepticism, old and new", en *The Third Force in Seventeenth-Century Thought*, Leiden/New York, Brill, 1992, pp. 236-245.

batir la impostura y la mentira; no son escépticos morales, creen en vidas superiores (la de los sabios) e inferiores (las del vulgo, vistan de púrpura, toga o sombrero de paja) y, por ello, sólo pueden incorporar el cristianismo desde una interpretación naturalista: como una adaptación exterior a las costumbres de su tiempo, a la manera de Charron, o como una necesidad política, para santificar las leyes y aceitar el mecanismo del miedo y la esperanza. El maestro Sexto se ve reemplazado aquí por Maquiavelo ("porque, donde falta el temor de Dios, necesariamente el reino se arruina o es sostenido por el temor a un príncipe que suplirá los defectos de la religión")[42] y Pomponazzi ("el legislador, muy conciente de la inclinación humana al mal y mirando el interés común, ha sancionado que el alma es inmortal sin cuidarse de la verdad sino preocupándose sólo de la rectitud, con el objeto de inducir los hombres a ser virtuosos")[43]. Gabriel Naudé en particular tuvo muy en cuenta estos consejos, y así pudo escribir, por ejemplo, que su principal objeto era "mostrar de qué manera los príncipes y sus ministros, *quibus quaestui sunt capti superstitione animi,* han sabido administrar a la perfección la religión para servirse de ella como el medio más fácil y seguro para llevar a términos sus empresas más importantes"[44].

---

[42] Maquiavelo, *Discurso sobre la primera década de Tito Livio*, I, xi (p. 90 de la edición de Roberto Raschella, Buenos Aires, Losada, 2003).
[43] Pomponazzi, *Trattato*, XIV, 60, ed. cit., p. 100.
[44] G. Naudé, *op. cit.*, IV, 161, p. 179. El pasaje en latín está tomado de *Los orígenes de Roma* (4.30.9) de Tito Livio; su traducción sería: "que lucran con las almas atraídas por la superstición".

Hasta aquí los rasgos principales del libertinismo erudito según Tullio Gregory. En ellos, como el mismo Gregory señala, se encuentran ya presentes las experiencias cruciales de la "crisis de la conciencia europea" que Paul Hazard, en su famoso libro, ubicará sólo medio siglo después, entre 1680 y 1715[45]. Los eruditos fueron heraldos de esa revolución. Anunciaron en su intimidad la eclosión de una cultura donde sería puesto radicalmente en entredicho el léxico cristiano dominante por mil quinientos años; asimilaron y profundizaron en la herencia renacentista consolidando otra huella, la del librepensamiento, sin la cual el siglo XVIII sería inexplicable. Fueron "un arma cargada de futuro", para recordar la hermosa expresión de Gabriel Celaya. Sin embargo, hasta poco tiempo atrás, ninguno de sus historiadores lo había notado. René Pintard los consideró restos aislados del Renacimiento, "vueltos hacia el pasado aun cuando quisieran trabajar por el porvenir"[46], Lucien Febvre los excluyó del proceso de nacimiento del mundo moderno tratándolos más bien como un aborto de la erudición libresca[47], el propio Richard Popkin afirmó que no comprendieron la revolución científica que se desarrollaba ante sus ojos[48]. En fin, historiadores y filósofos parecen haber dado por cierto que una vez enervada la ebullición renacentista, a partir de 1630 y por los próximos cin-

---

[45] Paul Hazard, *La crisis de la conciencia europea, 1680-1715*, traducción de Julián Marías, 4ta. edición, Madrid, Pegaso, 1988.
[46] Pintard, *op. cit.*, p. 596.
[47] Citado por T. Gregory, *op. cit.*, p. 20.
[48] Véase Popkin, *The History of Scepticism*, cit., p. 99.

cuenta años, precisamente hasta el comienzo de la crisis de Hazard, la humana razón habló la lengua de Galileo y Descartes, una lengua cuyo peso hizo inmediatamente del libertinismo erudito un sobrante de tiempos idos. Ahora bien, está bastante claro que Galileo no era un desconocido para los libertinos: Élie Diodati, su corresponsal y confidente, hizo que Mathias Bernegger tradujera al latín el *Dialogo supra i due massimi sistemi del mondo*, y él mismo tradujo la carta a Cristina de Lorena, que el propio matemático le había comunicado[49]. Pierre Gassendi, por su parte, dejando de lado por un momento sus propios afanes como astrónomo, conocía y admiraba las investigaciones de Galileo[50]; pero no sólo eso, compartía también con él la atracción por una hipótesis remota, hipótesis que, si Pietro Redondi tiene razón, pudo ser el motivo último de la condena en 1633 por la congregación del Santo Oficio: no la doctrina copernicana, símbolo del saber matemático, sino el materialismo atomista, esto es, cosa curiosa, un producto de casi dos mil años de edad rescatado en 1417 por Poggio Bracciolini, otro tipo anclado en la antigüedad[51].

En cuanto a Descartes, es cierto que los libertinos eruditos no lo contaron nunca entre sus simpatías y

---

[49] Pintard, *op. cit.*, p. 130.
[50] Véase al respecto Gaston Sortais, *La filosofía moderna. Desde Bacon hasta Leibniz*, tomo II, Buenos Aires, Editorial Difusión, pp. 192-193.
[51] Véase Pietro Redondi, *Galilée hérétique*, Paris, Gallimard, 1985 (hay traducción española: Madrid, Alianza, 1990), y Pedro de la Llosa, *El espectro de Demócrito. Atomismo, disidencia y libertad de pensar en los orígenes de la ciencia moderna*, Barcelona, Ediciones Del Serbal, 2000.

fueron acusados por él de estar comprometidos con el partido contrario al del verdadero saber, es decir, con "los simples conocimientos que se adquieren sin ningún discurso de la razón, como las lenguas, la historia, la geografía"[52]. Contra el desorden de estos ergotistas, Descartes mostrará la unidad de la ciencia; contra su desprecio por el populacho, la magnífica distribución del sentido común; contra sus dudas y la relatividad de las opiniones, la universalidad del saber amparado en sólidas pruebas metafísicas. Sus proyectos filosóficos sólo podían ignorarse o enfrentarse, está claro; no está tan claro, empero, al menos no lo estaba para sus contemporáneos, cuál de los dos había vencido. Digámoslo de otra manera: en 1650, René Descartes todavía no era "un héroe del pensamiento que aborda de nuevo la empresa desde el principio y reconstruye la filosofía sobre los cimientos puestos ahora otra vez al descubierto al cabo de mil años"[53], sino un geómetra lanzado a la especulación cuyo intento por vencer a los escépticos había terminado más bien en un fracaso, o en un callejón sin salida[54]. Tullio Gregory tiene la

---

[52] R. Descartes, *Investigación de la verdad*, en *Meditaciones metafísicas y otros textos*, edición de E. López y M Graña, Madrid, Gredos, 1987, p. 95.

[53] G. W. F. Hegel, *Lecciones sobre la historia de la filosofía*, III, traducción de Wenceslao Roces, México, Fondo de Cultura Económica, 1955, p. 254.

[54] Sobre el fracaso de la empresa cartesiana, puede verse Popkin, *The History of Scepticism*, cit., Cap. X, pp. 197-217, y Paul Dibon, *Regards sur la Hollande du Siècle d'Or*, Napoli, Vivarium, 1990 (especialmente, II, 14, pp. 343-357). Sobre el significado del cartesianismo para el siglo XVII, son interesantes las consideraciones de Elisabeth Labrousse en *Pierre Bayle*, II, cap. 2, La Haye, Martinus Nijhoff, 1964, pp. 39-68.

impresión, y por nuestra parte no podemos dejar de compartirla, de que aun sin ser hegelianos los historiadores del siglo XX se negaron a tomar en cuenta el posible fracaso de Descartes, o de que, en el caso de haber considerado tal posibilidad, siempre encontraron medios alternativos (la apologética de Pascal, el renacimiento católico de Francisco de Sales o del cardenal Bérulle, los éxitos intelectuales del jansenismo o los éxitos políticos de la Compañía) para terminar declarando al libertinismo "confutado y vencido". Se apunta una última explicación para tal ritual: que en mayor o menor medida todos los historiadores han tomado "el tranquilo partido de la Ciudad de Dios"[55]. Puede ser cierto, pero en cualquier caso no parece necesario haber decidido esa cuestión para entender que la recuperación de los textos e ideas de los libertinos eruditos es una excelente manera de "envejecer", diría T. S. Eliot, de que "el mundo se nos vuelva más extraño, más complejo el diagrama de muertos y de vivos".

3. *Los "Diálogos del escéptico"*

Para esta selección (la primera que se hace en español, por lo que sabemos) hemos optado por dos diálogos de Orasius Tubero, el "Diálogo a propósito de la divinidad" (que se publicó por primera vez en 1631 y fue considerablemente ampliado al año si-

---

[55] Véase T. Gregory, *op. cit.*, p. 23.

guiente) y el "Diálogo a propósito de la vida privada" (publicado en 1630). Tenemos un motivo muy personal para justificar la elección: el gusto que nos despierta la lectura en ambos casos. Pero también existen razones de otro orden.

El primer diálogo, "Sobre la divinidad", es el más famoso y comentado de Le Vayer, tanto que hasta podría haber sido objeto de la indignación cartesiana[56]. Su objetivo declarado es mostrar que la filosofía escéptica, lejos de ser enemiga del cristianismo, resulta en profundidad una "preparación evangélica" sobre cuyos méritos existen testimonios más que suficientes en Pablo de Tarso. La Mothe Le Vayer se incorpora de esta manera a la tradición fideísta que tiene en Erasmo a su figura más famosa en el Renacimiento y que, sumando a Savonarola, Gian Francesco Pico, Montaigne, Charron, Pascal, Huet y Pierre Bayle, llegará por lo menos hasta David Hume con la enfática propuesta de que "ser un escéptico filosófico es, en el hombre de letras, el pri-

---

[56] En cuatro cartas a Marin Mersenne (15 de abril de 1630, comienzos de mayo de 1630, 25 de noviembre de 1630 y octubre de 1631), Descartes hizo referencias a un "libro malvado" que circulaba en treinta o treinta y cinco ejemplares sugiriendo razones "contra la Divinidad", un libro que parecía peligroso y acaso fuera merecedor de una refutación categórica por su parte. René Pintard (*op. cit.*, p. 205) sugirió hace más de medio siglo que podía tratarse del "Diálogo a propósito de la divinidad". La cuestión no ha podido ser resuelta hasta el momento; Alain Mothu sostiene, empero, que frente a otras conjeturas, la hipótesis de Pintard mantiene toda su fuerza. Véase al respecto, A. Mothu, "Orasius Tubero et le 'méchant livre' de Descartes", *La Lettre Clandestine*, N° 4, 1995. Los sumarios y artículos de esta revista pueden consultarse en la página web de la Universidad París 12 Val de Marne (www.univ-paris12.fr).

mer y más esencial paso para ser un fiel y verdadero cristiano"[57]. Una tradición que, como señala Miguel Ángel Granada, pudo confiar con ingenuidad en su momento que la herramienta escéptica era muy útil para someter la razón y castigar la vanidad de los filósofos, pero que, desde el instante en que el origen divino del cristianismo no se dio ya por descontado, quedó envuelta en la ambigüedad de un grito piadoso sostenido por cierta *costumbre* exclusivamente humana[58]. Esto es, de manera abundante, lo que sucede en la continuidad del diálogo de Orasius Tubero. El autor hace su profesión de fe paulista, pero después se complace citando creencias religiosas de lo más diversas, poniendo a la Biblia en aparente pie de igualdad con los relatos de Heródoto, Diógenes Laercio, Cicerón, Plinio, Celso o Apolonio de Tiana; no sólo eso, entiende las religiones a la manera de hipótesis científicas, hipótesis con fines "morales, económicos y civiles" en este caso, y parece no alarmarse porque los argumentos ateos resulten bastante fáciles de sostener "siguiendo las reglas de una lógica exacta". Hacia el final se recuerda la antorcha fideísta, es cierto: nada se puede conocer de los misterios de la Divinidad sino por gracia sobrenatural. Pero para entonces el lector, quien tam-

---

[57] D. Hume, *Diálogos sobre religión natural,* Parte XII, traducción de Carmen García-Trevijano, Madrid, Tecnos, 1994, p. 188. Sobre el escepticismo moderno y su relación con la fe es imposible no recordar una y otra vez el estudio clásico de Richard Popkin, *The History of Scepticism from Erasmus to Descartes,* cuya última edición (2003) arranca desde Savonarola e incluye a Bayle como estación final.

[58] M. A. Granada, *op. cit.,* p. 157.

bién pudo leer "que la menos humana y sobrenatural, por no decir extravagante, de las religiones, siempre será sostenida con tanta más obstinación cuanto menos caiga bajo el examen de nuestra razón y que por tal motivo debe aparecer como completamente celestial", ya está bastante menos seguro de que Orasius haya sido merecedor de aquella gracia[59].

El segundo diálogo, "Sobre la vida privada", realiza una límpida defensa de la filosofía frente a los afanes "vulgares" del honor, el lucro o la actividad política. Hesiquio, la voz de Le Vayer, se manifiesta herido profundamente por la "Dipsade celeste" del pensamiento y, en consecuencia, capaz de vivir en la autarquía divina. Defiende una filosofía "electiva" o ecléctica, pero encadena las citas de Séneca y Epicteto casi sin pausa: el sabio ama la austeridad, el silencio y la virtud, cuya medida se encuentra en la Naturaleza; el sabio es un ciudadano del mundo y las leyes terrenales no le conciernen; el sabio no necesita de nadie pues se tiene a sí mismo. De esta manera, el lector se ve llevado por una meditación de marcado y bello tono estoico que sólo en los acordes finales, tras la cita de Lucrecio, revela su secreto. Quien in-

---

[59] La interpretación del diálogo y la sinceridad del fideísmo de Le Vayer, por lo demás, continúa siendo un debate abierto. Pueden encontrarse perspectivas diferentes a la que aquí sugerimos muy brevemente en Ruth Whelan, "The Wisdom of Simonides: Bayle and La Mothe Le Vayer", en R. Popkin y A. Vanderjagt, *Scepticism and Irreligion in the Seventeenth and Eighteenth Centuries*, Leiden/New York/Köln, E. J. Brill, 1993, pp. 230-253, y en Sylvia Giocanti, "Bayle y La Mothe Le Vayer", en A. McKenna y G. Paganini, *Pierre Bayle dans la République des Lettres*, Paris, Honoré Champion, 2004, pp. 243-263.

tegre esos tres versos del *De rerum natura* a su tejido original verá que no es el finalismo cósmico el que embelesa al sabio en su travesía sino, justamente lo contrario, la falta de finalismo, la infinitud de los continentes interiores y exteriores por explorar: abiertas las murallas del mundo se ven surgir las cosas a través de la totalidad del vacío. El sabio descubre eso, y también que precisamente allí se encuentra el placer más exquisito, el placer de pensar lo prohibido. También lo comprenderá aquel que haya tomado en serio el ejercicio espiritual propuesto; de simple amante de las letras antiguas también él se habrá transformado en "navegante de altura". "Sobre la vida privada" resulta así, a nuestro juicio, la poética puesta en escena de cierto tono anímico que, por debajo de temas y propósitos, sustentándolos, *define* al libertinismo erudito. Un recuerdo se despertó al término de su lectura, las palabras de "El inmortal" de Borges: "Que nadie quiera rebajarnos a ascetas. No hay placer más complejo que el pensamiento y a él nos entregábamos."

Fernando Bahr

Nota sobre la traducción

Para la presente traducción hemos seguido la edición de los *Neuf dialogues faits à l'imitation des anciens (1630-1631)* publicada por Fayard en 1988 (*Collection Corpus des Oeuvres de Philosophie en Langue Française*, bajo la dirección de Michel Serres, revisión de Barbara de Negroni) que a su vez toma como base la edición de la Bibliothèque de l'Arsenal (4° B. L. 4876). Ocasionalmente, para el *"Dialogue sur la divinité"*, hemos tenido en cuenta asimismo la edición de Ernest Tisserand (*Deux dialogues, sur la divinité y sur la opiniatreté*, Paris, Bossard, 1922).

Procuramos guardar la mayor fidelidad a las características formales del texto. De tal manera, conservamos la disposición de las numerosas citas griegas y latinas que lo distinguen y sólo modificamos la puntuación en aquellos casos donde lo exigía el sentido de la lengua castellana. En cuanto a las notas, dispuestas originalmente al margen, fueron incorporadas al cuerpo del diálogo por medio de corchetes; somos conscientes de que esta decisión puede volver algo incómoda su lectura, pero nos pareció justo y atractivo mantener el aparato erudito que acompañaba al escritor en su trabajo. También aparecen con cierta frecuencia títulos ya integrados al período ("las Éticas a Nicómaco", por ejemplo); para ellos no utilizamos cursivas, prefiriendo el uso antiguo al actual.

En las notas de edición localizamos las citas siempre que nos fue posible, señalando errores y omisiones allí donde pudieran resultar significativos. Respecto de las traducciones del latín, para algunos casos seguimos ediciones publicadas (que señalamos), pero por lo general son nuestras (lo cual significa aquí, más exactamente, de Roxana Nenadic y Martín Pozzi, latinistas eficaces y amables amigos).

DIÁLOGO A PROPÓSITO
DE LA DIVINIDAD
ENTRE ORASIUS Y ORONTES

Noli altum sapere[1].

ORASIUS.- Reconozco ingenuamente, Orontes, que nadie presta oído con más ganas que yo a las opiniones extraordinarias, y que, junto con lo que tenga de natural disposición, mi filosofía escéptica ha ayudado mucho a darme esta inclinación particular por las impresiones paradójicas, teniendo en cuenta que no hay otra que sepa sacar mejor provecho de ellas para su beneficio. Mi cuerpo no es tan enemigo del gentío, aunque lo incomode maravillosamente, como lo es mi espíritu de la coacciones violentas de una multitud, y en tanto considero la epidemia espiritual más peligrosa que cualquier otra no temo menos el contagio en este último tropel que en el primero. Es verdad que la mayor parte de los nombres romanos me encantan los sentidos por el recuerdo de las virtudes de sus poseedores, pero no puedo oír el de un Publícola[2] sin una particular indignación contra aquél que inicialmente lo mereció, y créeme que

---

[1] "No quieras entender lo elevado" (*Romanos*, 11.20).
[2] Publius Valerius, de sobrenombre *Publicola*, es decir, "amigo del pueblo". Se hizo poderoso después de la expulsión de Tarquino y de la muerte de Bruto. Fue elegido cónsul cuatro veces entre el 509 y el 499. Se le debe ia *Lex Valeria*, que establecía la *provocatio*, es decir, el derecho de apelar las sentencias de muerte o exilio. Plutarco (*Vidas paralelas*, 9) lo comparó con Solón.

en una república como la suya yo jamás habría sido acusado del crimen que denominaban *ambitus*[3] por haber buscando en exceso los buenos favores del pueblo. Siento tanta antipatía por todo lo que es popular (sabes lo lejos que extendemos el significado de esta palabra)[4] que no podría condenar la ceguera de Demócrito si él verdaderamente se hubiera pinchado los ojos para dejar de ver las impertinencias de una multitud ridícula; y esta historia debería ser interpretada al mismo tiempo de manera literal y moral, puesto que aquel gran personaje utilizaba también los ojos del espíritu de una manera totalmente diferente de la vulgar y nada veía ni consideraba como lo hacía el vulgo. Es cierto que no por ello adhiero con la menor pasión al partido contrario; mi modo de filosofar es demasiado independiente para vincularse inseparablemente a algo, sea lo que sea. Pero, dado

---

[3] *Ambitus*: delito en el que incurrían aquellos que utilizaban sobornos u otros medios ilícitos para conseguir votos en los comicios electorales romanos. Se penaba inicialmente con la prohibición de ser elegido durante diez años (ley *Cornelia Baebia*, año 181), y a partir del año 63 (ley *Tullia*) con diez años de exilio.

[4] Ernest Tisserand (La Mothe Le Vayer, *Deux dialogues, sur la divinité et la opiniatreté*, Paris, Bossard, 1922, p. 253) aporta una definición del término "popular" tomado del *Dialogue sur la philosophie sceptique* (1630): "...estando seguro de que el número de los locos es siempre infinito y el de los hombres razonables más raro que el de los monstruos, como si la razón estuviera contra el curso ordinario de la naturaleza, tales sociedades y repúblicas (*polices*) no son sino montones y multitudes de espíritus populares, impertinentes y mal hechos. El hidalgo, el artesano, el príncipe, el magistrado, el labrador son, en este sentido, lo mismo".

que no hay nada más opuesto a nuestra feliz suspensión de juicio [*suspension d'esprit*] que la tiránica obstinación de las opiniones comunes, siempre he pensado que era contra ese torrente de la multitud que debíamos emplear nuestras principales fuerzas, y que una vez que hubiésemos domesticado al monstruo del pueblo conseguiríamos fácilmente el resto.

ORONTES.- Esta franqueza, Orasius, para descubrirme los movimientos de tu conciencia me obliga a confiarte con el mismo candor la aflicción que siento por ti desde el momento que has comenzado a profesar abiertamente ese humor caprichoso, que bien puedo llamarlo así puesto que te lleva a tomar, como las cabras, los lugares alejados y solitarios para manteneros alejado del rebaño[5]. A ello me dirijo con mucho gusto, ya que, satisfaciendo lo que creo un deber por la amistad que nos une, me permite explicar con los mismos medios por qué no puedo aceptar tus razones a favor de la indiferencia escéptica y consentir a los encantadores procedimientos de tu pirronismo. Desde ya, muchos se muestran sorprendidos de que entre tantos sistemas diferentes de filosofía te hayas dedicado al que parece el más abandonado y que, en efecto, no puede ser sino el más odioso, dado que

---

[5] La Mothe Le Vayer juega con el aire de familia existente entre la palabra francesa *capricieuse* y la latina *capra* (cabra).

despreciando todos los otros, y no conviniendo con ninguno, los transforma al mismo tiempo en sus adversarios, semejante a aquel ismaelita que estaba en contra de todos y todos en contra de él: *Multis etiam sensi mirabile videri, eam nobis potissimum probatam esse Philosophiam, quae lucem eriperet, et quasi noctem quandam rebus offunderet, desertaeque disciplinae et jampridem relictae patrocinium nec opinatum a nobis esse susceptum* [*Cic. 1. de Nat. Deo.*][6]. Así, ¿qué otra cosa puedes esperar que un asalto general de todos los sabios y un ataque público de todas las escuelas?

Pero lo que me parece más importante y me lleva al mayor cuidado por la participación que tengo en todos tus intereses, es que no veo cómo, después de establecer la incertidumbre de tu secta y de haberte burlado de lo que los demás han querido establecer dogmáticamente, podrías defenderte tan cristianamente como sería deseable de las objeciones que recibirás. Puesto que si es verdad que no hay nada cierto y que todas las ciencias son vanas y quiméricas, como lo sostienes, se seguirá que nuestra Santa Teología, que es la ciencia de las cosas divinas, será tan fantástica e ilusoria como las otras: una impiedad de la cual te consi-

---

[6] "Muchos también se han sorprendido de que yo apruebe especialmente una filosofía que parece privarnos de la luz y arrojarnos casi a las tinieblas, y de haber tomado de repente la defensa de un sistema ya abandonado y al que se ha renunciado desde hace tiempo" (Cicerón, *Sobre la naturaleza de los dioses*, 1.6).

dero muy alejado pero cuya sospecha igualmente temo que no puedas evitar.

ORASIUS.- Respecto del primero de los dos puntos que acabas de tocar, relacionado con la envidia o el odio de los que denominas sabios, estimo que no hay motivo para pasmarse con tanta violencia como supones, pues si bien está claro que no acepto afirmativamente ninguna de sus máximas, también lo está que no condeno ninguna de manera determinada, conformándome con una dulce y tranquila suspensión del juicio sobre ellas; entiendo que tal cosa debería hacer que se mostraran más moderados y menos animados en mi contra que entre ellos mismos, puesto que entre sí se descubren siempre diametralmente opuestos y jamás se perdonan nada en una guerra que llevan hasta la muerte. En todo caso, te pido que mantengas la calma sobre este tema, tanto más cuanto que yo, y mis semejantes, recibiremos con mucha satisfacción espiritual el vernos combatidos por un gran número de gente, y créeme que no sin motivo lees esa divisa sobre la campana de la chimenea, *Contemnere et contemni*[7], mientras protestas porque no ejerzo coacción alguna sobre mi carácter cuando me río de esos sufragios y desprecio los aplausos públicos. Recibe pues por respuesta esta sola sentencia: *Non curat*

---

[7] "Despreciar y ser despreciado."

Hippoclides[8]. En cuanto al segundo punto, referido a que puede imputársele a la filosofía escéptica incompatibilidad con el cristianismo, tan lejos estoy de aceptar las apariencias de tal calumnia que me enorgullezco de haber dirigido mi espíritu y mi raciocinio hacia lo que mejor podía prepararlos para nuestra verdadera religión y los misterios de nuestra fe. Debes saber por tanto que cuando negamos la verdad y certeza que cada uno quiere establecer en la ciencia que profesa, y cuando al hacerlo volvemos a todas sospechosas de vanidad o falsedad, nada decimos sin embargo que sea perjudicial para nuestra cristiana teología, puesto que aun cuando ella impropiamente y en cierto sentido sea llamada algunas veces ciencia, los santos doctores siempre han coincidido en que no se trata verdaderamente de una ciencia en tanto no demanda principios claros y evidentes a nuestro entendimiento y toma casi todos los suyos de los misterios de nuestra fe, verdadero don de Dios que supera completamente el alcance del espíritu humano. Por esta razón, mientras que en las ciencias asentimos fácilmente a la

---

[8] La frase es atribuida por Heródoto (6.129) a Hipoclides, hijo del riquísimo ateniense Tisandro, cuando concurrió, junto a otros veinte pretendientes, a pedir la mano de Agarista, hija del tirano de Siciona, Clístenes. Era el mejor candidato, pero en el día de la decisión se lanzó a bailar de manera apasionada y algo indecente sobre una mesa (recordemos que los atenienses no usaban ropa interior). Clístenes, indignado, le gritó entonces: "Hijo de Tisandro, por la danza has perdido tu mujer". *"Non curat Hippoclides"* fue su única respuesta, es decir, "a Hipoclides le importa un bledo".

evidencia de los principios conocidos por nuestro intelecto, en nuestra teología consentimos a sus principios divinos por la sola orden de nuestra voluntad, la cual se entrega obediente a Dios en las cosas que no ve y no comprende; he allí el mérito de la fe cristiana. *Fides non consentit per evidentiam objecti, sed ex imperio voluntatis*, dice santo Tomás de Aquino[9]. Así es cómo todo lo que podamos alegar contra la generalidad de las ciencias no asesta golpe alguno sobre la teología cristiana, a la que por otra parte negándole el título de ciencia no hacemos perder nada de su eminencia y dignidad, tanto menos cuanto que la excelencia y grandeza de su objeto, con la certeza de sus verdades reveladas, la ponen muy por encima de todos los conocimiento de nuestra humanidad. Pero avanzo todavía más, y te quiero hacer ver que así como nuestra religión jamás pudo sufrir persecuciones sino por parte de aquellos que se tenían por los más sabios, de donde viene que los heresiarcas han sido los primeros hombres y los más disciplinados de su tiempo, de la misma manera no hay modo de filosofar que se acomode mejor a nuestra fe y que dé tanto reposo a un alma cristiana como lo hace nuestro querido modo

---

[9] "No se asiente a la fe por la evidencia del objeto sino por orden de la voluntad." Acaso La Mothe le Vayer recordaba o resumía un texto del *Scriptus super Sententiis* que reza así: "*Ad secundum dicendum, quod credenti accidit aliquis motus dubitationis ex hoc quod intellectus ejus non est secundum se terminatus in sui intelligibilis visione, sicut est in scientia et intellectu, sed solum ex imperio voluntatis*" (Lib. 3 d. 23 q. 2 a. 2 q. 3 ad 2).

escéptico. San Pablo [*1 ad Cor.*] nunca se cansa de enseñarnos a temer esas ciencias que no hacen más que abotagarnos con una vana hinchazón, esas sabidurías que no son más que locura frente a Dios, esas prudencias humanas de las cuales se declara tan capital enemigo: y esto porque nuestra religión, estando toda fundada sobre la humildad, e incluso sobre un respetuoso envilecimiento del espíritu [*esprit*], ha prometido el Reino de los Cielos expresamente a los pobres de entendimiento [*entendement*][10]. Por esta razón, san Pablo amonesta cuidadosamente a los hebreos [*c. 13*], *Doctrinis variis et peregrinis nolite abduci. Optimum est enim gratia stabiliri cor, non escis: quae non profuerunt ambulantibus in eis*[11]. Y exhortando a los efesios al conocimiento de Dios, utiliza los siguientes términos [*c. 4*]: *Ut jam non simus parvuli fluctuantes, et circumferamur omni vento doctrinae*[12]. De la misma manera tuvo gran cuidado para que los colosenses no se dejaran seducir capciosamente por doctos sofismas [*c. 2*], *videte ne quis vos decipiat per philosophiam, et inanem fallaciam, secundum*

---

[10] El término francés *esprit*, como se sabe, tuvo desde antiguo múltiples acepciones ('espíritu', 'inteligencia', 'juicio', 'agudeza', etc.) y resulta siempre de difícil traducción. En general, mantenemos la primera de ellas, 'espíritu', porque creemos que La Mothe Le Vayer gustaba de jugar con esa misma pluralidad de significados respecto del cristianismo.

[11] "No os dejéis seducir por doctrinas varias y extrañas. Mejor es fortalecer el corazón con la gracia que con alimentos que nada aprovecharon a los que siguieron ese camino" (*Hebreos*, 13.9).

[12] "Para que no seamos ya niños, llevados a la deriva y zarandeados por cualquier viento de doctrina" (*Efesios*, 4.14).

traditionem hominum, secundum elementa mundi, et non secundum Christum[13]. Utilizó estas palabras, ἵνα μή τις ὑμᾶς παραλογίζηται ἐν φιθανολογίᾳ: *Ut nemo vos decipiat, insublimitate sermonum*[14]. Por eso pidió a Timoteo que no cayera en κενοφωνίας, *inaniloquia*[15], dándole este precepto [*ep. 2. c. 2*]: μὴ λογομαχεῖν, *non verbis contendere*[16]; y predicó la misma doctrina a los gálatas [*c. 4*], *cum essemus parvuli, sub elementis mundi eramus servientes*[17], reprochándoles luego con su vehemencia de costumbre, *quomodo convertimini iterum ad infirma et egena elementa, quibus denuo servire vultis*[18]. Resumiendo, vemos que en la carta a los filipenses [*c. 3. v. 8.*] declara perjudicial toda doctrina que no sea la de Jesucristo y hace caso omiso de cualquier ciencia que no sea la que recibe del cielo, *omnia arbitratus detrimenta, ac stercora, propter eminentem scientiam Christi*[19]. Verdaderamente, si la pobreza de espíritu es, como acabamos de decirlo, una riqueza cristiana, y si las escuelas dicen bien,

---

[13] "Mirad que nadie os engañe mediante la filosofía y la vana falacia según las tradiciones humanas, según los elementos del mundo y no según Cristo" (*Colosenses*, 2.8).
[14] "Para que nadie os seduzca con discursos sutiles" (*Colosenses*, 2.4).
[15] "Las palabrerías profanas" (*Timoteo*, 2.2.16).
[16] "Que se eviten las discusiones de palabras" (*Timoteo*, 2.2.14).
[17] "Cuando éramos niños vivíamos como esclavos bajo los elementos del mundo" (*Gálatas*, 4.3).
[18] "[Mas, ahora que habéis conocido a Dios, o mejor, que él os ha conocido,] ¿cómo retornáis a esos elementos sin fuerza ni valor, a los cuales queréis servir de nuevo?" (*Gálatas*, 4.9).
[19] Debe referirse al pasaje de *Filipenses*, 3.8, que reza así: "Juzgo que todo es pérdida ante la sublimidad del conocimiento de Cristo Jesús, mi señor, por quien perdí todas las cosas, y las tengo por basura para ganar a Cristo".

con santo Tomás, que *ratio humana (saltem antecedens voluntatem) diminuit rationem fidei*[20], el apóstol jamás pudo haberse excedido al atemorizar a los fieles acerca de la vanidad de las ciencias ni al alejarlos de la vana presunción de saber. Por ello es que dio a los romanos, quienes más se estimaban al respecto en aquel tiempo, este caritativo y saludable consejo [*c. 12.*]: *Non plus sapere quam oportet sapere, sed sapere ad sobrietatem,* φρονεῖν εἰς τὸ σωφρονεῖν[21]. Así es que, si queremos evaluar la importancia de estas sentencias apostólicas y compararlas con lo que ha sido señalado con más audacia por nuestra *epojé* contra la temeraria arrogancia de las disciplinas, encontraremos una conformidad tan grande que estaremos constreñidos a reconocer que la filosofía escéptica se puede considerar una perfecta introducción al cristianismo. ¿Y quién puede prestar atención a ese gran predicador pronunciando

---

[20] "La razón humana (por lo menos cuando antecede a la voluntad) disminuye la medida de la fe". Nuevamente, parece no tratarse de una cita textual de Tomás de Aquino. El pasaje de referencia podría ser, en este caso, IIª-IIae q. 2 a. 10 co. de la *Suma de teología*: "*Ratio autem humana inducta ad ea quae sunt fidei dupliciter potest se habere ad voluntatem credentis. Uno quidem modo, sicut praecedens, puta cum quis aut non haberet voluntatem, aut non haberet promptam voluntatem ad credendum, nisi ratio humana induceretur. Et sic ratio humana inducta diminuit meritum fidei...*". ("Ahora bien, la razón humana que se introduce en el dominio de la fe puede vincularse de dos maneras a la voluntad del creyente. Puede preceder la voluntad; por ejemplo, cuando alguien, o bien no tiene voluntad en absoluto, o bien no tiene una voluntad pronta a creer si no se alega una razón humana. En ese caso la razón humana disminuye el mérito de la fe...").

[21] "No saber más de lo que conviene; saber más bien con sobriedad [y según la medida de la fe]" (*Romanos*, 12.3).

estas bellas palabras ante los corintios [*ep. 1. c. 8.*]: *Si quis autem se existimat scire aliquid, nondum cognovit quemadmodum oportet eum scire*[22], y, por otra parte, si quiere saber algo, que haga profesión de ignorancia [*c. 3.*], *stultus fiat, ut sit sapiens*[23], quién puede, digo, oír tales bellas reflexiones sin quedar persuadido (conservando el honor y el respeto debido a aquel sagrado vaso de elección)[24] de que sus impresiones no podrían ser más que perfectamente pirrónicas? Pues, ¿qué dice nuestra afasia, nuestra *ataraxia* y todas esas voces célebres de la filosofía escéptica que no convengan exactamente con ellas? ¿Y qué hay en el decálogo de nuestra secta que no le pueda servir de excelente interpretación de las mismas?[25] Si, por el contrario, consideramos las diferentes opiniones de todas las otras familias filosóficas que han llegado hasta nosotros, no observarás ninguna que no tenga sus principales axiomas y sus propios principios en oposición directa con los artículos de nuestra fe. Los pitagóricos están repletos de supersticiones mágicas, la Academia de Platón supone en la creación del mundo una mate-

---

[22] "Si alguien cree conocer algo, aún no lo conoce como se debe conocer" (*Corintios*, 1.8.2).
[23] "Hágase necio para llegar a ser sabio" (*Corintios*, 1.3.18).
[24] "Vaso de elección" o "instrumento de elección" es la manera con que Jesucristo se refiere a Pablo de Tarso según *Hechos de los apóstoles*, 9.15.
[25] Por "decálogo" de los pirrónicos hay que entender los diez modos o tropos por medio de los cuales se oponían apariencias y juicios. El origen de estos tropos parece remontarse a Enesidemo (siglo I a. C).

ria eterna como Dios. Demócrito y todos los epicúreos (pasando por alto su fin voluptuoso) pensaron lo mismo acerca de los átomos, los estoicos hicieron al sabio igual y algunas veces superior a Dios, a quien por lo demás sometieron a su célebre destino. Los cínicos hacían públicamente virtud del vicio. En cuanto a los peripatéticos, con su eternidad del mundo (de la cual Aristóteles jamás se separó según el relato de Alejandro de Afrodisia), es una maravilla cómo, habiendo extinguido todas las otras sectas, a la manera de los otomanos, que no dejan vivir a nadie de su familia, pudieron, a pesar de la impiedad de las mayor parte de sus dogmas, establecerse tan magistralmente en todas las escuelas cristianas. Pues aunque todos los primeros Padres de la Iglesia declamaron en contra del Liceo, y aunque san Ambrosio haya dicho en sus deberes[26] que era mucho más temible que los jardines de Epicuro, habiendo sido incluso quemada públicamente su Metafísica bajo el reinado de Felipe Augusto [*Rigordus histor.*][27], y aunque Alejandro

---

[26] El *De officiis* de san Ambrosio representa el primer intento sistemático de exposición de una ética cristiana. Fue compuesto entre el 388 y el 390 sobre el modelo de (y en combate con) el famoso *De officiis* de Cicerón. En el libro I, cap. XIII de esta obra se pueden leer ciertas referencias críticas al Dios de Aristóteles y una comparación indirecta con la concepción epicúrea; sin embargo, no encontramos pasajes en los que Ambrosio diga que la doctrina peripatética es "más temible" que la epicúrea.

[27] Rigord, cronista francés nacido entre 1145 y 1150, muerto cerca de 1206. El libro mencionado debe ser *Gesta Philippi Augusti*, que empezó a escribir en 1186 y dio a conocer diez años después. Se le atribuye asimismo una *Courte chronique des rois de France*.

Neccamus [*li. de nat rerum*][28] haya escrito que sus obras sólo podían ser entendidas por el Anticristo, después de que el Doctor Angélico lo hubo bautizado por primera vez en la Escuela (para usar los términos de Campanella), todas las partes le han tendido la mano con un aplauso tan generalizado que los teólogos de Colonia hasta se atrevieron a llamarlo *praecursorem Christi in naturalibus, ut Joannes Baptista in gratuitis*[29]. Enrique de Hassia[30], por su parte, lo hizo tan sabio como nuestro primer padre Adán, y Jorge de Trebisonda[31] dedicó todo un libro a mostrar la concordancia de su doctrina con nuestra Santa Escritura. Sin embargo, bien podemos decir que de todos los dogmáticos que acabamos de nombrar, y de todos los que alguna vez existieron,

---

[28] Alexander Neckam (1157-1217), erudito y teólogo inglés de la orden de los agustinos. El drástico juicio sobre Aristóteles aparece en su *De naturis rerum*, que debió haber escrito alrededor de 1180. Compuso también un libro de educación culinaria llamado *De utensilibus* y se lo considera el gran precursor del tema en la Europa occidental.

[29] "Precursor de Cristo en las cosas naturales, como lo fue Juan Bautista en relación con la gracia."

[30] Enrique de Hassia, de Hesse, de Langenstein o de Hainbuch (1325-1397). Teólogo y matemático alemán. Se lo considera el fundador de la Universidad de Viena (1384). Algunas de sus obras: *Contra astrologos coniunctionistas de eventibus futurorum*, 1371; *Quaestio de cometa*, 1386; *Speculum animae*, 1382-84; *De contemptu mundi*, 1382 -84.

[31] Jorge de Trebisonda (1396-1486). Célebre filólogo bizantino. Sucedió a Francesco Filelfo en la enseñanza del griego en Venecia (1428). Tradujo, entre otras cosas, la *Retórica* de Aristóteles y el *Almagesto*, de Tolomeo. La Mothe Le Vayer recuerda aquí su obra *Comparationes philosophorum Aristotelis et Platonis*, publicada alrededor de 1455, que enemistó mortalmente a Jorge con Bessarion y los platónicos renacentistas.

ninguno atacó con más rudeza nuestras creencias que estos últimos, puesto que ninguno de ellos se fundó tanto como los peripatéticos en raciocinios puramente humanos. Ahora bien, siendo la fe de aquellas cosas que no aparecen [*Pau. ad Hebr. 11.*], *est autem fides sperandarum substantia rerum, argumentum non apparentium*[32], y no existiendo objeto posible para ella, se sigue de allí que, puesto que la ciencia (suponiendo que la hubiera) se adquiere sólo por principios comunes, no puede haber conveniencia alguna entre la fe y esta supuesta ciencia; la escuela tuvo razón, pues, al sentenciar que *ejusdem rei non potest esse scientia et fides*[33]. Ésta es la causa por la cual Foscarini[34] pudo hablar con mucha audacia acerca del movimiento de la tierra, diciendo que no había motivo para detenerse en los pasajes de la Santa Escritura que parecían asegurar la estabilidad. Porque, al no ser la verdad de las

---

[32] "La fe es el sostén de las cosas que se esperan y una demostración de las que no vemos" (*Hebreos*, 111).

[33] "Ciencia y fe no pueden ser la misma cosa." En *Suma de teología*, IIa. IIae. q. 2. a 4 ad 2, Tomás de Aquino dice: *"de eodem non potest esse scientia et fides apud eundem"* ("la ciencia y la fe no pueden ocupar el mismo lugar en el mismo individuo"). Aclara sin embargo a continuación: *"Sed id quod est ab uno scitum potest esse ab alio creditum"* ("Pero lo que puede ser conocido por medio de una puede ser creído por medio de la otra").

[34] Paolo Antonio Foscarini (1565-1616). Teólogo y matemático de la orden carmelita. En 1615 publicó su *Lettera sopra l'opinione de' Pittagorici e del Copernico, della mobilità della terra e stabilità del sole, e del nuovo Pittagorico sistema del mondo*, donde defendía la verdad de la teoría copernicana negando que la misma estuviera en conflicto con la Escritura. En 1616 la obra fue puesta en el *Index librorum prohibitorum*.

cosas naturales necesaria, y tal vez ni siquiera útil, para la salvación, jamás nos ha sido revelada por el Espíritu Santo; al contrario, pudiendo sernos ventajosa la ignorancia, el Espíritu nos ha silenciado o disfrazado todo lo que las ciencias hacen profesión de enseñarnos. Y así como no verás nunca que se nos haya explicado lo que sea materia primera, forma, privación, quintaesencia, de la misma manera el Apóstol dice de Dios que *vocat ea quae non sunt, tanquam ea quae sunt* [*Ep. ad Ro. c. 4. v. 17.*][35]. Y Moisés, en lugar de describirnos los epiciclos y las excéntricas, se conformó con decir: *Fecitque Deus duo luminaria magna*, poniendo la luna en paralelo con el sol a pesar de que aquella sea diez mil veces más pequeña y que la menor estrella del firmamento sea dieciocho veces más grande que la tierra, la cual sobrepasa a la luna treinta y nueve veces en tamaño según las observaciones de Copérnico. Por otra parte, el mismo Jesucristo [*Math. 4*] *sine parabola non loquebatur*, e interrogado acerca del fin del mundo, una de las más bellas consideraciones de toda la física, jamás quiso revelar la hora. Y cuando fue

---

[35] "Llama a las cosas que no son como si fueran" (*Romanos*, 4.17). En este punto es interesante señalar que la versión de la Nova Vulgata da *"et vocat ea, quae non sunt, quasi sint"* y que Cipriano de Valera en 1602 había traducido el mismo texto como "llama a las cosas que no existen como si existieran". La *Biblia de Jerusalén* (Descleé de Brower, 1994), sin embargo, a pesar de tan ilustres antecedentes, ha preferido traducir "llama a las cosas que no son para que sean". La diferencia no es insignificante.

interrogado por Pilatos en estos términos: *Quid est veritas?*, vemos que él se calló sin quererse explicar al respecto, por más que acabara de decir que había venido a este mundo *ut testimonium perhibeam veritati [Joan. c. 18]*[36], es decir, para cumplir las Escrituras, explicar las profecías y autorizar las verdades teológicas sobre las cuales se fundan los misterios de nuestra fe. Sin embargo, dado que el juez le había preguntado en general qué era la verdad, y dado que verosímilmente él entendió que se hablaba de la verdad humana y natural, no estimó conveniente instruir al mundo sobre toda clase de verdades, enseñándonos así, por medio de su silencio, la modestia con la cual debemos profesar una saludable ignorancia toda vez que un preceptor semejante no ha querido hacernos más sabios. Esto no será extraño para aquellos que consideren que cotidianamente vemos brillar con mayor resplandor las virtudes cristianas en las almas simples e ignorantes que en las de los más hábiles en todas las ciencias, las cuales no hacen más que distraerlos y enturbiar su espíritu: *vacuas mentes* (dice Cardano en su tratado de la inmortalidad del alma) *spes et fides totas occupat, ob id major in stupidis, idiotis et plebe, quam in eruditis, nobilibus ac ingeniosis*[37]. A los

---

[36] "A fin de dar testimonio de la verdad" (*Evangelio según san Juan*, 18.37).
[37] "La fe y la esperanza se apoderan de todas las mentes vacías, por eso son mayores en los necios, en los ignorantes y en el populacho que en eruditos, nobles e inteligentes". Cabe recor-

espíritus científicos les sucede con frecuencia, en verdad, lo que los poetas han contado fabulosamente y entendido moralmente acerca de Belerofón, aquel presuntuoso que sobre su caballo alado tuvo la temeridad de querer ver lo que pasaba en el cielo e hizo que Júpiter, indignado, enviara una mosca para que picara al Pegaso y volteara inmediatamente al caballero sobre un campo de Licia llamado Aleius. ¿No es ésa acaso la verdadera representación de un espíritu vanidoso y engreído por algún conocimiento extraordinario de las disciplinas humanas, un espíritu que se propone izarse hasta el cielo sobre esos fundamentos y llegar por medio del movimiento a conocer el primer motor inmóvil o por medio de otras causas subordinadas penetrar hasta la causa de las causas? Algo que a Dios, cuya gracia sobrenatural nos prescribe caminos totalmente diferentes de llegar a él, le agrada tan poco que abandona esos espíritus a miles de controversias dudosas que excitan sus cerebros, *tanquam oestro furoris perciti*[38], y ellos se encuentran precipitados por fin en ese campo de confusión y de error llamado Aleius, ἀπὸ τοῦ ἀλᾶσθαι. He aquí, querido Orontes, los motivos por los que imaginé que mi profesión de la ignorancia eféctica no daba asidero razonable a

---

dar que "*vacuus*" se puede traducir también por 'libre'. El *Liber de immortalitate animorum* de Girolamo Cardano (1501-1576) fue impreso por primera vez en Lyon, 1545.

[38] "Como excitados por el tábano de la locura."

ningún pedante dogmático que se pudiera escandalizar por ella; al contrario, como aquel músico griego que no encontraba nada más difícil que enseñar su arte a los que hubieran tenido malos comienzos, es cierto que no hay espíritus en que la gracia divina encuentre mayor resistencia y en que los misterios del cristianismo se impriman con menos gusto que aquellos que presumen de saber demostrativamente las causas y los fines de todas las cosas. Empero, cuando por medio de un razonable discurso hemos examinado escépticamente las nulidades del saber humano, un ingenuo reconocimiento de nuestra ignorancia puede hacernos dignos de las gracias infusas del cielo, las que caerán entonces como en una tierra dichosamente cultivada y de la cual hubiéramos arrancado todas las malas plantas que le impedían fructificar anteriormente. Puedes estar seguro de que en mi caso particular nada me hace respetar con tanta veneración nuestra Sacrosanta Religión como el hecho de haber sido llevado a considerar, siguiendo las reglas de nuestra secta, tantas diferentes religiones extendidas por el universo, y que nada después de Dios me ha ligado tanto a su verdadero culto que contemplar las diversas maneras, innumerables y prodigiosas, en las que Aquel no es reconocido.

ORONTES.- No sabría explicarte, Orasius, la satisfacción que he recibido del discurso que acabas de pronunciar; gracias a él, además de quitarme la aflicción que sentía por ti, me has dado la audacia de seguir de aquí en adelante mis inclinaciones a no determinar nada como absolutamente cierto y no establecer nada como máxima irrefragable, inclinaciones que me han llevado a estimar mucho siempre el estilo circunspecto de vuestra secta. Pero te confieso que jamás me había atrevido a concederme el permiso de seguirlas por la prevención que me infundía el escrúpulo, que has hecho desaparecer, de que esa manera de filosofar fuera incompatible con nuestra religión, temiendo siempre, para usar las palabras de Lucrecio, que

> *Impia te rationis inire elementa, viamque*
> *Indugredi sceleris* [*lib. 1.*][39]

Pero, ahora que me has hecho reconocer que la filosofía escéptica es inocente y que no solamente no aporta inconveniente alguno a nuestra santa teología sino que, entendiendo bien su *epojé*, puede pasar por una feliz preparación evangélica, ya nada veo que me pueda apartar de complacer a mi genio, conformando mis impresiones a las tuyas y acompañándolas de vuestra neutralidad e inseparable suspensión del juicio. Y en cuanto a lo

---

[39] "Te inicies en los rudimentos de una doctrina irreverente y emprendas un camino de crímenes" (*De la naturaleza de las cosas*, 1.81).

que dijiste al terminar, que con frecuencia has reflexionado sobre la multitud de religiones que hay en el mundo y sobre las diferentes adoraciones que ellas prescriben, siempre con mucha ventaja para la verdadera, te ruego que aceptes que interpele tu memoria para que recuerde las observaciones que hizo acerca de ese tema; el silencio y el secreto de este gabinete te convida a ello, y nuestra amistad te obliga a no negarme tal entretenimiento durante el resto de la sobremesa.

ORASIUS.- Entre todos los pensamientos de nuestra humanidad parece que no hay ninguno más relevante que el relacionado con la Divinidad. Por este motivo, Aristóteles dijo al gran Alejandro que el corazón altivo y el ánimo elevado no estaban permitidos solamente a quienes mandaban aquí abajo, sino a quienes tenían pensamientos dignos y verdaderos acerca de los dioses. Por otra parte, sin embargo, tal vez no haya ninguno que saque a luz en mayor medida nuestra imbecilidad, dado que, no habiendo proporción alguna entre lo finito y lo infinito, y entre el Creador y la criatura, la inmensidad de este objeto divino, tal como lo comprobarán Simónides y Meliso *[Cic. 1. de nat. Deo. et D. Laert.]*[40], confunde completamente nuestro entendimiento, de la misma manera que el exce-

---

[40] Cicerón, *Sobre la naturaleza de los dioses*, 1.60; Diógenes Laercio, *Vida de Meliso*, 3.

so de la luz solar deslumbra y ciega nuestra vista, *ut se habet visus et visibilium summum nempe solem, sic intellectus ad summum intelligibilium nempe Deum*[41], algo que Platón va deduciendo a lo largo de todo el libro VII de su República. Esto es, asimismo, lo que ha llevado a decir a algunos que la etimología de cielo [*ciel*] no proviene de que *caelatum est et insculptum*, sino de que nos oculta [*cèle*] y disimula lo que contiene. Puesto que, aun cuando juzguemos que la divinidad se extiende por todos los órdenes de la naturaleza, *Jovis omnia plena*, quienes se imaginaron de alguna manera a Dios siempre le han asignado particularmente el cielo por su morada principal, allí donde reside con eminencia, *Pater noster qui es in caelis*, de la misma manera que nuestra alma, aunque difundida por todo el cuerpo, parece más vinculada con el corazón o con el cerebro, ya que allí ejerce sus funciones más nobles. Aristóteles se explica así al respecto [*1 de Caelo c. 3. l. 2.*]: *Universi qui Deos esse putant, tam Graeci quam Barbari, supremum locum Diis tribuerunt, propterea quod immortale ad immortale est accommodatum*[42]. De la misma manera, puso su primer motor sobre la circunferencia convexa del

---

[41] "Del mismo modo que la visión tiene al sol como lo supremo visible, así el intelecto tiene a Dios como lo supremo inteligible" (Platón, *República*, 508c).

[42] "[T]odos los que creen en los dioses, sean griegos o bárbaros, les atribuyen el lugar más elevado a causa de que lo inmortal conviene a lo inmortal."

primer móvil, e incluso en la parte más rápida como equidistante de los polos [*8 Physic. c. ult.*]. Ahora bien, si las cosas celestes y particularmente la divinidad que las anima se encuentran teniendo por toda analogía con nuestro entendimiento esta gran desproporción que les impide caer bajo su conocimiento, *cognitum siquidem quasi cognatum cognoscenti*[43], no le faltaban motivos a los atenienses para tener altares anónimos, como dice Diógenes Laercio en la vida de Epiménides[44], altares que acaso eran los que llevaban la inscripción Αγνώστῳ θεῷ, *ignoto Deo*, de la que habla san Pablo, y se podría decir que Platón acusó justamente de impiedad a los que buscaban con excesiva curiosidad las cosas divinas cuando dijo [*7 de Leg.*]: *Maximum Deum totumque mundum dicimus inquirendum non esse, nec rerum causas multo studio indagandas, nec pium id dicimus*[45]. En lo cual fue seguido muy bien por el historiador natural de los romanos, quien afirma que es una cosa extraña para nosotros el querer

---

[43] "Puesto que lo conocido debe ser semejante a quien conoce."
[44] Diógenes Laercio, *Vida de Epiménides*, 3.
[45] "Decimos que ni hay que intentar conocer el Dios supremo y la totalidad del universo ni indagar excesivamente en sus causas, decimos que esto es impío." (Platón, *Leyes*, 7 821a). Se trata, claro está, de una cita incompleta y tendenciosa de Platón, o del Extranjero Ateniense. El pasaje completo es como sigue: "Se dice comúnmente entre nosotros que ni hay que intentar conocer el Dios supremo y la totalidad del universo, ni indagar excesivamente en sus causas, puesto que tal cosa sería impía. Ahora bien, la conducta contraria parece en verdad la única justa [...] cuando se considera que una ciencia es bella, verdadera, útil a la ciudad y del todo agradable a Dios, no se puede, por nada del mundo, callar acerca de ella".

salirnos del mundo, por así decirlo, para contemplar lo que está más allá: *Mundi extera indagare nec interest hominum, nec capit humanae conjectura mentis*[46]. Por lo cual parece que bien podríamos detenernos en una bella sentencia escéptica de san Dionisio sobre este tema [*li. de Div. nomin.*]: *Tunc Deum máxime cognoscimus, cum nos eum ignorare cognoscimus*[47]. Sin embargo, otros muchos han estimado, muy por el contrario, que la inteligencia humana no tenía objeto que le fuera más conveniente y proporcionado que la Divinidad, de la cual es una partícula, y que no era tan poca la relación entre ella y Dios, puesto que por lo menos se encontraba la del efecto a su causa. Por lo demás, la creación de esa inteligencia no parece tener otro fin por parte del Creador que el de hacerle contemplar su perfecta bondad, poder y sabiduría en todas las cosas, por medio de las cuales, remon-

---

[46] "Resulta sin interés para los hombres y por encima de las conjeturas de su inteligencia buscar lo que se encuentra fuera del mundo" (Plinio, *Historia natural*, 2.1).

[47] "Conocemos en la máxima medida a Dios cuando conocemos que lo ignoramos." No correspondería a una cita textual del Pseudo Dionisio, pero sí a un argumento reconocible en pasajes como éste de *De los nombres divinos* (7.3): "*Et est iterum divinissima Dei scientia, per incognitionem cognoscens secundum super animum unitatem, cum animus existentibus omnibus recedens, deinde et seipsum relinquens, unitur superapparentibus radiis, inde et ibi, inscrutabilis profundo sapientiae illuminatus.*" ("Pero hay todavía un más perfecto conocimiento de Dios que resulta de la sublime ignorancia y se cumple en virtud de una incomprensible unión; es cuando el alma, dejando todas las cosas y olvidándose de ella misma, se une con los rayos superiores y se ilumina en el abismo de la sabiduría insondable").

tando de las cosas producidas al Autor de su producción, que son los eslabones de esta cadena de Homero, somos fácilmente llevados hasta él y nos volvemos capaces, si no de comprender su esencia, por lo menos de admirar la excelencia en sus obras, a lo cual llaman conocerlo *a posteriori*.

He aquí las diferentes opiniones que encuentro de entrada acerca de la aplicación de nuestra inteligencia a la búsqueda de la Divinidad, enseguida de lo cual encuentro además dos pareceres que me dividirán nuevamente el entendimiento; el de los que creen que el hombre está llevado naturalmente al reconocimiento de un Dios por medio de principios físicos que han nacido con él, sospechando incluso que los demás animales podrían no estar enteramente desprovistos de los mismos; y el de los que lo niegan absolutamente. Los primeros recurren a la autoridad de Aristóteles, el cual dijo en su primer libro del cielo que πάντες ἄνθρωποι περὶ θεῶν ἔχουσιν ὑπόληψιν[48]; a la de Platón, quien creyó probar que había dioses porque, teniendo cada uno una noción natural y como infusa de ellos, *naturalis species cujusque intellectus inanis esse non potest*[49],

---

[48] "Todos los hombres tienen una noción acerca de los dioses". Es el comienzo del pasaje cuya continuación se citó antes, en la nota 42.
[49] "Una noción natural y cuya inteligencia no puede ser vana". La cita podría referirse al siguiente pasaje de *Sobre la naturaleza de los dioses* (1.44): "*de quo autem omnium natura consentit, id verum esse necesse est; esse igitur deos confitendum est*", es decir, "[una idea] que por naturaleza todos comparten ha de ser necesariamente verdadera; por tanto, debe admitirse que los dioses existen".

como dice Cicerón, quien además escribió que *omnes duce natura eo vehimur, ut Deos esse dicamus*[50]; a la de Séneca [*Ep. 118*], quien aporta por ejemplo de un consentimiento general la opinión acerca de los dioses, *nulla quippe gens usquam est adeo extra leges moresque projecta ut non aliquos Deos credat*[51], y así un infinito número de autores que han tenido esta máxima por inquebrantable. Los otros, empero, ríen junto con Cotta acerca de esta inducción fundada sobre un supuesto conocimiento de la opinión de todas las naciones, conocimiento que no tenemos, y recuerdan por el contrario las palabras de aquel soberano sacrificador [*1. de Nat. Deo*], *Equidem arbitror multas esse gentes sic immanitate efferatas, ut apud eas nullas Deorum suspicio sit*[52], que es el mismo parecer que el digno preceptor de Trajano manifiesta haber tenido en su tratado sobre las nociones comunes contra los estoicos[53]. Confirmando esto, Estrabón escribió en los siguientes términos acerca de los pueblos de Galicia [*lib. 3. Geogr.*]: *Callaicos*

---

[50] Cicerón (*Sobre la naturaleza de los dioses*, 1.2) dice exactamente: "*Velut in hac quaestione, plerique (quod maxime verisimile est, et quo omnes duce natura vehimur) Deos esse dixerunt*" ("En esta cuestión, así, la mayoría ha dicho que existen los dioses, algo que es muy verosímil y a lo que todos somos naturalmente llevados")

[51] "Ciertamente, en ningún lugar pueblo alguno ha rebasado tanto los límites de las leyes y costumbres como para no creer en algunos dioses" (Séneca, *Cartas morales a Lucilio*, 117.6).

[52] "Pienso que hay muchas naciones tan brutales en su salvajismo como para no tener la menor idea de los dioses" (*Sobre la naturaleza de los dioses*, 1.62).

[53] Plutarco.

Hispanos nihil de Diis sensisse perhibent; asimismo, hablando de los etíopes, dijo [*lib. 17*], *ex iis qui torridam habitant, nonnulli sunt qui Deos esse non credunt*[54], y eso que, según Diodoro Siciliano [*lib. 3*][55], del país de los etíopes había venido el primer culto de los dioses, motivo por el cual en Homero el bueno de Júpiter va tan seguido y tan gustoso a banquetear con ellos. Pero hay más testimonios. Juan León[56], describiéndonos el reino de Bornou [*lib. 7*][57] en África, donde viven todavía tan naturalmente que tienen las mujeres y los hijos en común, agrega que no hay allí ley alguna ni vestigio de religión. Acosta[58] nos muestra que los indios occidentales,

---

[54] "Se dice de los gallegos hispanos que no saben nada acerca de los dioses" (*Geographia* 3.4.16); "entre los que habitan la región tórrida, hay quienes no reconocen dios alguno" (*Geographia* 17.2.3).

[55] Diodoro Siciliano o Diodoro Sículo (ca. 80-20 a.C.). Historiador griego que tomando material de autores anteriores y sus propias notas de viaje compuso una *Biblioteca histórica* que debió publicarse alrededor del año 35 a.C. La tesis sobre el origen etíope de la humanidad se encuentra en el libro III, cap. 2.

[56] Se trata de Al Hassan al Wazzan o León el Africano, viajero y geógrafo árabe nacido en Granada en 1485. Fue capturado en África por unos Caballeros de la Orden de San Juan, quienes lo entregaron al papa León X; éste lo adoptó y bautizó con su propio nombre. Entre 1525 y 1527 compuso su relato *Della descrittione dell'Africa et delle cose notabili che ivi sono*, publicado inicialmente en Ramusio: *Primo volume delle navigationi et viaggi*, Venecia, 1550.

[57] El imperio de Kanem-Bornou, de gran importancia hasta el siglo XVII por su control de los caminos del Sahara oriental, correspondería actualmente a Chad, Níger y parte de Nigeria.

[58] José de Acosta (1539-1600). Misionero y naturalista español de la Compañía de Jesús. Llegó a América en 1572 y recorrió el continente durante 15 años. Ya de vuelta en España, en 1590, publicó su *Historia natural y moral de las Indias*. El dato recordado por La Mothe Le Vayer se encontrará al comienzo del capítulo III del libro V.

no teniendo ni siquiera el nombre apelativo Dios, hasta tal punto que los de México y de Cuzco, a pesar de tener alguna especie de religión, fueron constreñidos a utilizar la palabra española "Dios" aun cuando no la comprendían para nada ni tenían en su lengua ningún vocablo que respondiera a ella. Champlain[59] nos asegura que los indios de la Nueva Francia no adoraban divinidad alguna. Todos los que escribieron acerca del Brasil dicen lo mismo. Y las cartas jesuitas acerca de lo que pasa en Oriente, fechadas en el año 1626, atestiguan que incluso hoy en día existen pueblos sobre el Ganges que no reconocen ningún espíritu superior. Ahora bien, si este conocimiento de Dios dependiera de la luz natural, nadie estaría privado de él, y parece que deberíamos ser todos clarividentes al respecto. Por tanto, no se puede decir que haya nacido con nosotros y que lo poseamos naturalmente.

De esta disputa voy a otra, la de algunos que creen poder demostrar mediante buenas razones que los dioses existen y que quienes niegan esto lo hacen por ceguedad espiritual, o por malicia y obcecación. Se les oponen Mecencio, Cíclope, Salmoneo e infinitos otros ateos que los siglos pasados han producido y resucitado el presente, donde

---

[59] Samuel de Champlain (1567-1635). Geógrafo francés. Realizó veintiún viajes entre Francia y Canadá. Fundó la ciudad de Quebec y preparó la fundación de Montreal. Compuso varios libros sobre estas travesías, el primero de los cuales se tituló *Des Sauvages*.

vemos la gigantomaquia o teomaquia de los antiguos representada con toda candidez, sólo que aquellos gigantes hacían sus maniobras al descubierto mientras que en la actualidad, condición de los tiempos, se recurre al mismo artificio que tiene lugar en nuestras guerras civiles y hasta los que portan armas en contra del partido del rey protestan ser fieles servidores de Su Majestad[60]. Los primeros proceden al establecimiento de una divinidad, de acuerdo con santo Tomás, por medio de cinco recursos principales. Comienzan con el del movimiento, utilizado sobre todo por Platón y Aristóteles, *quicquid movetur ab alio movetur*[61], para llegar a un primer motor. El segundo es la consideración de una causa eficiente, que nos lleva necesariamente a una primera causa para evitar el progreso y encaminamiento al infinito. El tercero es el argumento de lo posible y lo necesario, según el cual reconocemos que *est aliquid per se necessarium caeteris*

---

[60] El párrafo es de difícil interpretación. Cíclope (entendemos Polifemo), Mezencio y Salmoneo, los tres "ateos" recordados, son figuras míticas caracterizadas por su impiedad (véase, respectivamente, Homero, *Odisea*, 9.287-298; Virgilio, *Eneida*, 6.573-607; 7.647-654; 8.478-493). Así, en principio, la referencia podría destacar el carácter monstruoso del ateísmo; sin embargo, tomar precisamente tales casos como ejemplos de ateísmo hace que la acusación, por otro lado, se debilite y sugiera un enemigo fantástico que los creyentes imaginan a su medida. Esta misma ambivalencia se observa en la segunda parte del párrafo: por una parte, la condición terrible del ateísmo; por la otra, la sugerencia de que los peores ateos son aquellos que ocultan su condición bajo el disfraz de la piedad o del servicio a la "causa divina".

[61] "Todo lo que se mueve es movido por otro".

causa necessitatis, esto es, Dios[62]. El cuarto considera los diferentes grados de bondad, verdad y otros perfecciones esenciales que nos elevan hasta ese *Ens summum* del cual todos los otros participan. El quinto depende del gobierno del universo, el cual nos obliga a admirar una inteligencia soberana que lleva todas las cosas dulcemente hacia su fin. Nuestro gran maestro Sexto expone a favor de la misma posición otros cuatro medios, el segundo y el tercero de los cuales comprenden los cinco de santo Tomás; el primero se funda en el consentimiento universal, del cual hablamos hace poco, el segundo en el orden del mundo, el tercero en los absurdos que nacen de la opinión negativa, el cuarto y último en la respuesta que se ha dado a los argumentos contrarios[63]. Después de todo esto, al parecer, no habría peor desorden de la inteligencia que negar su Dios, *dixit insipiens in corde suo, non est Deus*[64].

---

[62] Recuerda casi textualmente un texto de Tomás de Aquino (*Suma de Teología* I, q. 2 a. 3 co): "*Ergo necesse est ponere aliquid quod sit per se necessarium, non habens causam necessitatis aliunde, sed quod est causa necessitatis aliis, quod omnes dicunt Deum*" ("Se deduce que es preciso admitir un ser, que sea necesario por sí mismo, que no tome de otra parte la causa de su necesidad, sino, al contrario, que él sea la causa de necesidad respecto de los demás; y este ser es el que todo el mundo llama Dios").

[63] El pasaje es una cita textual de Sexto Empírico, *Contra los físicos*, 1.60. Ahora bien, Sexto no "expone a favor de la misma posición" los cuatro argumentos; se los atribuye a los dogmáticos ("Aquellos que sostienen que los dioses existen intentan establecer su tesis siguiendo cuatro modos de argumentación..."). Para los escépticos, en cambio, queda la impresión de que "dada la igual fuerza de los argumentos adversos los dioses no son más existentes que no existentes" (*Contra los físicos*, 1.59).

[64] "Dice en su corazón el insensato: ¡No hay Dios!" (Salmo 13).

Los ateos, sin embargo, eluden tales argumentos diciendo que ninguno de ellos es demostrativo, lo cual les resulta bastante fácil de sostener siguiendo las reglas de una lógica exacta, de manera que, dándose al punto rienda suelta sobre este tema, unos, como Petronio, estiman que las maravillas de la naturaleza, los eclipses de los astros, los temblores de tierra, el resplandor de los truenos y cosas semejantes fueron los que dieron una primera impresión de la Divinidad a nuestro espíritu:

> *Primus in orbe Deos fecit timor; ardua caelo*
> *Fulmina dum caderent* [*Petr. Ar.*][65];

Otros son más o menos del parecer de Epicuro [*Sext. adv. Math*][66], quien relaciona este primer conocimiento con las visiones prodigiosas que nos provee nuestra imaginación durante el sueño (sin admitir, empero, tales simulacros divinos) y que con frecuencia nos emocionan extraordinariamente al despertar. Pero todos están de acuerdo en que los más grandes legisladores recurrieron a la opinión vulgar sobre este tema (fomentándola e incluso acrecentándola en cuanto fuera posible) sólo para embocar con este freno a la muchedumbre necia y

---

[65] "El temor en el universo hizo primero los dioses, mientras los adversos rayos caían de lo alto del cielo..." (*Fragmenta Petronii*, 27, Müller). La primera parte de estos versos, de autor desconocido, aparecen también en la *Tebaida* (3.661) de Estacio.
[66] Sexto Empírico, *Contra los físicos*, 1.25.

poder dirigirla después a su antojo. De esta manera nos representa José de Acosta a los mandarines que gobiernan la China y contienen al pueblo en la religión del país, sin que, dice, ellos mismos crean en otro Dios que no sea la naturaleza, en otra vida que ésta, en otro infierno que la prisión ni en otro paraíso que no sea tener un cargo de mandarín. No sin motivo, por lo tanto, Postel[67] en su libro *De orbis concordia* se refiere a las religiones sólo por medio de la palabra "persuasiones" y Pródico de Ceos[68] decía en Cicerón que las cosas útiles para la vida habían sido fácilmente deificadas. Puesto que es por ese medio, según ellos, que los hombres hábiles introducen sus divinidades; *Deus est mortali juvare mortalem*[69] y todo lo que sigue de notable sobre este tema en Plinio, libro II de su Historia, cap. 7. Santificamos en nosotros a quienes nos hacen el bien, decía ingenuamente aquel buen religioso hablando de Galeazzo de Milán en Philippe de Commines[70],

---

[67] Guillaume Postel (1510-1581). Filólogo, matemático y visionario francés. Francisco I lo envió a Oriente, donde obtuvo importantes manuscritos; a su vuelta enseñó en el Collége de France. El *De orbis terrae concordia* apareció en 1543.
[68] Pródico de Ceos, sofista contemporáneo de Sócrates y, según algunos, su maestro. La referencia de Cicerón se encuentra en *Sobre la naturaleza de los dioses*, 1.118.
[69] "Dios es, para el hombre, el hombre que lo ayuda" (Plinio, 2.18).
[70] Gian Galeazzo Visconti, duque de Milán (1315-1402). Se apoderó del ducado de Milán en 1385 y desde allí conquistó Verona, Vicenza, Padua, Perugia, Siena, Pisa y Bolonia. La historia lo recuerda como rey frustrado y mecenas de la construcción religiosa en la Italia septentrional. En cuanto a Philippe de Commines (1477-1511), fue un célebre historiador y cortesano,

y sabemos que una mujer pública fue adorada por el pueblo romano después de que ella le dejara en herencia los grandes bienes que había adquirido, como se dice, con el sudor de su cuerpo. De allí procede también la adoración que tienen por el sol tantos pueblos que comprobaron sus beneficios, dejando de lado a los etíopes y los pueblos atlánticos que lo detestaban y maldecían a causa de su excesivo ardor, tal como dicen Diodoro Siciliano [*lib. 17*] y Plinio [*l. 5. c. 8*]. Y César, hablando de los antiguos germanos [*l. 6. de bello. Gallo.*], observa que *Deorum numero eos solos ducunt, quos cernunt, et quorum aperte operibus juvantur, Solem, Vulcanum et Lunam: reliquos ne fama quidem acceperunt*[71]. En resultado de lo cual, puesto que no sólo deseamos grandemente el bien sino que tememos su contrario, se inventan esas divinidades que se desearía calmar, esos *Vejovis, Laeva numina, Averruncus, Robigus* y similares ἀποτρόπαιοι, *depellentes daemones* [*A. Gell. l. 5. c. 12*][72].

---

nacido en Flandes, que llegó a embajador de la corona francesa en Venecia. Su *Mémoires sur les règnes de Louis IX y Charles VIII* ha sido juzgada como la primera gran historia moderna.

[71] "Sólo ponían en el número de los dioses a quienes veían y de los que recibían visiblemente beneficios: el Sol, Vulcano y la Luna; a los otros ni siquiera los conocían de nombre" (*Comentarios de la guerra de las Galias*, 6.21.2).

[72] *Vejovis*: parece haber sido una divinidad malhechora; tenía como símbolos las flechas y en primavera se sacrificaba una cabra en su honor. *Numina laeva*: divinidades aciagas de Virgilio. *Averruncus*: divinidad romana que desviaba los males. *Robigus*: divinidad protectora en honor de la cual Numa instituyó las fiestas *Robigalia,* cuyo objeto era que el moho de los granos y de los árboles se desviara hacia las armas de guerra. Ἀποτρόπαιοι, *Apotropaioi Theoi*, divinidades griegas que alejaban los males.

Así, los lacedemonios elevarán altares a la Muerte y al Temor; los atenienses a la Impudicia, a la Tempestad y al Oprobio; los españoles de Cádiz a la Pobreza y a la Vejez; los romanos al Temor, a la Palidez, a la Fiebre, a las flotas de la Mar, a la mala Fortuna y a otras maldiciones similares. He aquí la manera en que hablan los ateos acerca de la verdadera invención y propagación de los dioses, siendo su fabulosa teogonía un placentero invento de Homero y Hesíodo, según refiere el mismo Heródoto, lib. I (razón por la cual los atenientes parecen haber condenado antaño al primero con 50 dracmas de multa por insensato, *D. Laert. in Socr.*][73], *fingebat haec Homerus, et humana ad Deos transferebat: divina mallem ad nos*[74], dice graciosamente Cicerón [*1. Tusc. qu.*]. Y para mostrar que los hombres mismos fabricaron estos dioses todopoderosos, y que son verdaderamente los autores de ellos, Ferécides es considerado por Diógenes Laercio [*in eorum vitis*] el primero que haya hablado alguna vez de los dioses en sus escritos, y Platón el que se imaginó y sentó *Dei providentiam*[75]. De la misma manera, afirman ellos

---

[73] Diógenes Laercio, *Vida de Sócrates*, 23.
[74] "Fingía esto Homero y transfería las cosas humanas a los dioses; hubiera preferido que nos transfiriera lo divino a nosotros" (*Disputas tusculanas*, 1.65).
[75] Diógenes Laercio declara, en realidad, que, según Teopompo, Ferécides escribió el *primer tratado griego* sobre la naturaleza y sobre los dioses (*Vida de Ferécides*, 2). Y, en cuanto a Platón, Diógenes dice que fue el primer filósofo en *hablar* de la providencia divina (*Vida de Platón*, 19).

que los hombres más importantes estaban bastante al tanto de esta impostura divina, si es preciso hablar así, aun cuando después de Sócrates el temor a la cicuta los haya tenido en silencio. Es verdad que la antigua comedia de los griegos se concedía una licencia maravillosa al hablar de los dioses, tal como nos lo enseña el proverbio *tanquam de plaustro loqui*[76]; pero también es cierto que Aristóteles [*ult. Metaph. c. 6*] se mantuvo muy circunspecto en virtud del ejemplo de su maestro, que acabamos de referir, y que por tal motivo arrojó mucha arena a los ojos de quienes debían leer sus escritos, *atramentumque saepiae more insperserit*[77], si es que ligó de tal manera su Dios a las necesidades naturales en la dirección y gobierno del universo, como piensan muchos para los cuales no reconocía ningún otro Dios que la misma naturaleza: *Aristoteles tam callide mundi ortum et animae praemia, et Deos ac daemones sustulit, ut haec omnia aperte quidem diceret, argui tamen non posset*[78], dice Cardano. Asimismo, Averroes, a quien llamaron su comentador por excelencia, es decir, el que mejor ha reconocido su genio, y al cual Postel se atreve a llamar *maximum veri secundum intellectum indagatorem*[79], jamás reconoció causa primera al-

---

[76] "Como si se hablara del carro".
[77] "Y por costumbre esparció tinta negra de la sepia".
[78] "Aristóteles trató tan sagazmente acerca de la creación del mundo, del juicio final, de los dioses y demonios, que sin ocultar nada de su pensamiento jamás dio pie a la censura".
[79] "El mayor investigador de la verdad según el intelecto".

guna ni pudo comprender esta Divinidad. También Anaxágoras, Anacarsis, Hipón, Protágoras, Eurípides, Calímaco, Estilpón, Diágoras, Meliso, Critias Ateniense, Teodoro Cirenaico, Pródico de Ceos, Evemero de Tegeate y varios otros personajes distinguidos nos han sido dados como de no fácil creencia, al igual que otros muchos de este tiempo, entre los cuales se hace decir al Aretino que había perdonado a Dios en su pública maledicencia sólo porque lo desconocía completamente. En cuanto a Protágoras, es cierto que parece nadar entre dos aguas, puesto que comenzó un libro declarando que le era imposible determinar si había dioses o no, razón por la cual los atenienses lo desterraron y quemaron públicamente su libro[80]. Pero Diágoras fue tan audaz que se atrevió a escribir, dice Hesiquio [*in ejus vita*] [81], λόγους ἀποπυργίζοντας, *orationes de turribus praecipitantes*, donde justificaba su alejamiento de la opinión común acerca de los dioses, habiendo sido muy supersticioso un tiempo atrás, cambio que, según nos enseña Sexto [*adv. Math. l. 8.*], le sobrevino después de haber considerado que un hombre que lo había ofendido y al que se le había permitido perjurar contra los dioses impunemen-

---

[80] Véase Diógenes Laercio, *Vida de Protágoras*, 3.
[81] Hesiquio de Mileto, cronista griego que floreció en Constantinopla en el siglo V d. C. y autor del *Onomatologos* o *Index de hombres instruidos*. Esta obra, perdida, llegó al conocimiento de los eruditos europeos gracias a pasajes conservados por Suidas y Focio.

te no recibía castigo alguno[82]. Y el mismo Diágoras, según se dice, no habiendo encontrado madera para cocinar sus lentejas, se dirigió lleno de veneración a un viejo Hércules de madera invitándolo a un décimo tercer trabajo: conseguir que hirviera muy bien su marmita[83]. Estilpón [*D. Laert. in Stilp.*] fue más circunspecto, puesto que viéndose interrogado inoportunamente por Crates acerca de si nuestros ruegos y honores eran agradables a los dioses, le replicó amablemente que no era ésa una pregunta para hacer en plena calle sino a solas y en su gabinete; esta misma respuesta dio Bion a alguien que le preguntaba si había dioses verdaderamente o no, y a ella recurre muy oportunamente también el gran pontífice Cotta frente a Veleyo, quien suponía que era muy difícil negar el ser de los dioses: *Credo, si in concione quaeratur; sed in ejusmodi sermone et concessu facillimum*[84]. Pero el buen Estilpón se encontró más molesto en otra oportunidad, cuando fue citado delante de los areopagitas por haber dicho que la Minerva de Fidias no era un dios. Salió del apuro con bastante soltura diciendo que él la consideraba diosa y no dios, es decir, haciendo una distinción entre macho y hembra, un recurso que llevó a que

---

[82] Véase Sexto Empírico, *Contra los físicos*, 1.53.
[83] Pierre Bayle (*Dictionnaire historique et critique*, art. "Diagoras", F, nota 38) atribuye la difusión de esta anécdota al escoliasta de Aristófanes, *Nubes*, acto III, escena I.
[84] "Lo creo, si se me pregunta en público; pero nada más fácil si es en privado y conversando como nosotros" (*Sobre la naturaleza de los dioses*, 1.61).

Teodoro le preguntara a partir de entonces si había visto a Palas bajo la falda, para hablar pertinentemente de su sexo[85]. De todas maneras, aquello no evitó que fuera condenado al destierro por su libertad. Una soltura similar fue más exitosa, hace poco, en el caso del filósofo Pomponazzi, el cual por haber dado a entender, con libertad y calor peripatético, que no creía en la inmortalidad del alma se vio entre las manos de la Inquisición; escapó de ellas, empero, recurriendo a la interpretación de que no creía en verdad en ella porque la sabía apodícticamente. Así se explicó por medio de un largo discurso ante jueces que habían sido antaño sus alumnos y a los que esta vez le era preciso encontrar bastante más favorables[86]. Puedes ver por tanto que la opinión atea no carecía de autoridades ni de supuestas razones, aun cuando no tengamos aquí tiempo de enumerar éstas con más detalle.

Ahora bien, apenas he terminado de pasar por encima y superar una dificultad cuando ya me encuentro en la perplejidad de otras dos opiniones, no menos discutidas entre los que profesan unánimemente la existencia de los dioses. Unos atribuyen a éstos no sólo la dirección general del universo

---

[85] El relato proviene de Diógenes Laercio, *Vida de Estilpón*, 5.
[86] Por lo que sabemos, el único alumno de Pomponazzi que intervino en la batalla de escritos que siguió a la publicación del *Tractatus de immortalitate animae* (1516) fue Gasparo Contarini. Pomponazzi respondió a las críticas de éste en su *Apologia*, publicada en 1518. En cuanto al argumento en cuestión, aparece en el *Tratado sobre la inmortalidad del alma*, 15.68.

y el movimiento ordenado de todas sus máquinas y orbes, sino también un cuidado particular por todo lo que pasa aquí abajo, de lo cual se sigue la remuneración de las acciones virtuosas y el castigo de las que consideren viciosas. Otros sostienen, en cambio, que sería preferible negar del todo los dioses antes que atarlos a cuidados tan indignos y revestirlos humanamente de pasiones tan vergonzosas, tan incompatibles, en verdad, con la Divinidad, *impius non qui tollit multitudinis Deos, sed qui Diis opiniones multitudinis applicat* [*Epicurus apud. D. Laert.*][87]. Algo que podemos relacionar con lo escrito audazmente por Séneca en una de sus epístolas [*Ep. 124*]: *Superstitio error insanus est: amandos timet, quos colit, violat. Quid enim interest, utrum Deos neges, an infames?*[88] Los que son del primer parecer nos enseñan que hay que reverenciar y servir religiosamente a los dioses, que todo conocen, hasta los movimientos de nuestro corazón, y tienen en sus manos el castigo y la recompensa. Los otros, que, como Epicuro, se burlan de esta providencia divina, *Nullamque omnino habere censent humanarum rerum procurationem Deos* [*Cic. 1. de Nat. Deo.*][89], se

---

[87] "Impío no es quien suprime los dioses del vulgo sino quien atribuye a los dioses las opiniones del vulgo" (Epicuro, *Carta a Meneceo*).
[88] "La superstición es un error insano: teme lo que debe amar y ofende lo que reverencia; pues, ¿qué diferencia hay entre negar que haya dioses y deshonrarlos?" (Séneca, *Cartas morales a Lucilio*, 123.16).
[89] "En verdad, consideran que los dioses no tienen dirección alguna de las cosas humanas" (Cicerón, *Sobre la naturaleza de los dioses*, 1.3).

ríen también en consecuencia de cualquier clase de culto y de adoración como si fuera una cosa vana, hollando así con sus pies, orgullosamente, todas las religiones que existen.

> *Quare religio pedibus subjecta vicissim*
> *Obteritur, nos exaequat victoria caelo.* [*Lucr. li. 1*][90]

Por esto decía muy bien Cicerón que Epicuro había sido aun peor que Jerjes, aquel destructor de los templos de Grecia, *nec enim manibus, ut Xerxes, sed rationibus Deorum immortalium templa et aras evertit*[91]. Pero consideremos con atención las razones de los primeros, que parecen los más piadosos, después volveremos a éstos. En primer lugar, recurren al consentimiento de todas las naciones, las cuales sirven a los dioses y les dirigen sus plegarias desde la más remota antigüedad, algo que muestra muy bien que las mismas son oídas y satisfechas, puesto que de otra manera no parece que hubiesen querido continuarlas, *nec in hunc furorem omnes mortales consensissent, alloquendi surda numina et inefficaces Deos* [*Sen. 4 de benef. c. 4*][92]. Asimismo, además de los in-

---

[90] "En consecuencia la religión queda a nuestros pies pisoteada, y a nosotros, por contra, su victoria nos empareja con el cielo" (Lucrecio, *De la naturaleza de las cosas*, 1.78-79).
[91] "Derribó, no con sus manos, como Jerjes, sino con argumentos los templos y altares de los dioses inmortales" (*Sobre la naturaleza de los dioses*, 1.115).
[92] "Todos los mortales no se habrían puesto de acuerdo en el delirio de invocar divinidades sordas y dioses impotentes" (Séneca, *De los beneficios*, 4.4.2).

numerables ejemplos de historias pasadas, todos los días tenemos tantos testimonios de la manifiesta indignación o asistencia de los dioses que sería demasiado brutal no reconocerlos. La hoguera de Creso [*Herod. l. 1*] fue extinguida por una lluvia sobrevenida del cielo más sereno del mundo en recompensa por su piedad y el golpe de espada con el cual Cambises hirió en el muslo al dios Apis, o Épafo [*idem l. 3*], fue vengado poco tiempo después por otro golpe que el rey mismo se dio en su propio muslo y que le causó la muerte. No sin motivo, por tanto, Aristóteles *[1. mag. moral. c. 5]* parece en este punto mucho más religioso que lo que muchos creen que fue, puesto que para mostrar que la virtud consiste en cierta mediocridad y se corrompe igualmente por el exceso que por el defecto dice, a propósito de la valentía, que si alguien fuera tan poco temeroso y tan intrépido que ni siquiera temiera a los dioses, no habría valor o fuerza en él, sino locura y pura demencia. En consecuencia, si no quieres desmentir toda la antigüedad, e incluso nuestra época, sólo con tu conocimiento y conciencia, estarás constreñido finalmente a reconocer que los dioses no abandonan las cosas humanas y que, como dice el satírico Juvenal,

Nec surdum, nec Tiresiam quemquam esse Deorum
[Ju. Sat. 13][93].

---

[93] "No hay entre los dioses sordos ni Tiresias" (Juvenal, *Sátiras*, 13.249).

De igual manera, respecto de los que están dispuestos a reconocer esta providencia en las cosas celestes y generales del mundo con tal de que no la hagan descender hasta aquí abajo, o se la vincule con las menores singularidades, admitiendo la mayor parte de ellos, con Averroes [*l. de divin. per somnis et 12. met. com. 37. et 52.*], la conducta y el orden de Dios en las cosas universales pero no en la individuales, *et ad species, non autem ad singularia, saltem intereuntia*, aquellos persisten en decir lo contrario, señalando que con toda razón los griegos [*D. Laert. in Zenone*] llamaron a su Júpiter Δία, *quasi δὶ ὂν τὰ πάντα, per quem sunt omnia*, el que por poder, por presencia y por esencia, penetrando todos los órdenes de la naturaleza,

Terrasque, tractusque maris, caelumque profundum[94],

se encuentra obrando allí con un concurso tan necesario que sin él toda acción quedaría en suspenso, o, a decir verdad, se extinguiría por completo. Esto es lo que lleva a atribuir a Dios las tres dimensiones ordinarias, siendo su latitud, al decir de los teólogos, la extensión de su providencia sobre todas las cosas, su longitud la inmensidad de su virtud que se extiende desde el último cielo hasta el centro de la tierra, *Quo fugiam a conspectu tuo?*

---

[94] "Y las tierras y las extensiones de mar y el alto cielo" (Virgilio, *Églogas* 4.51).

Si ascendero in caelum tu illic es, si descendero in infernum et hic ades[95], y su profundidad su esencia, incomprensible a todo otro que no sea él mismo. Igualmente, Hermes Trismegisto pensó que la mejor manera de explicar a Dios era describiéndolo como una esfera inteligible cuyo centro estaba en todas partes y cuya circunferencia en ninguna[96]. Y el mismo autor del libro $\pi\epsilon\rho\grave{\iota}$ $\kappa\acute{o}\sigma\mu o\upsilon$, *de mundo*, aunque vincule el primer motor con el primer móvil, lo hace semejante a los grandes y perfectos obreros que, moviendo un solo instrumento, producen cantidad de otros que dependen de éste, atreviéndose incluso a compararlo con esos $\nu\epsilon\upsilon\rho o\sigma\pi\acute{\alpha}\sigma\tau\alpha\iota$ o marionetistas que tirando solamente de una cuerda hacen con toda facilidad que sus pequeños personajes muevan la cabeza y los ojos, las manos y las piernas[97]. No es cosa difícil gobernar las mínimas cosas para Aquel que las ha creado, por lo tanto, y no parece posible decir que podría haber descuidado ese mando sin despreciar

---

[95] "¿A dónde de tu rostro podré huir? Si hasta los cielos subo, allí estás tú; si desciendo a los infiernos, aquí te encuentras" (Salmo 139).
[96] Esta famosa definición aparece en cierta obra de finales del siglo XII titulada *Libro de las proposiciones o Reglas de la teología, atribuido al filósofo Trismegisto*. La misma obra también fue conocida como el *Libro de los veinticuatro filósofos*.
[97] Se sabe actualmente que el tratado llamado *Peri kosmou*, dónde aparece la célebre comparación entre Dios y los marionetistas, no es obra de Aristóteles sino de un autor anónimo que la habría redactado alrededor del año 100 de nuestra era. Se difundió bajo el título de *De mundo* en la traducción hecha en el siglo II por Apuleyo.

la creación. Si fuera indigno tomar conocimiento de tales cosas, también lo sería haberlas producido. Y si Dios conoce lo general y la totalidad, como se ha dicho, necesariamente debe conocer las partes que componen el todo; de la misma manera, conociendo las partes, es preciso que las partículas que integran esas partes les sean conocidas. En cualquier caso, los juicios errados que se hacen respecto de las acciones de Dios proceden de los defectos de nuestro vicioso raciocinio, el cual sólo puede comprender de acuerdo a su capacidad y sólo humanamente puede hablar de las cosas divinas, de tal manera que lo que pensamos como pasión en Dios es para él indolencia, lo que pensamos que lo entristece en realidad lo deleita y lo que creemos que desprecia y no ve le está incesantemente presente,

Οὖλος γὰρ ὁρᾷ, οὖλος δὲ νοεῖ, οὖλος δὲ τ' ἀκούει.
Totus namque videt, totus mens totus et audit[98].

Los que son del partido contrario alegan mil instancias acumuladas en contra de esta providencia, en seguida de lo cual, creyendo haber mostrado suficientemente que el mundo carece de cualquier dirección divina puesto que no tiene ninguna razonable, concluyen que todos los temores que

---

[98] "Pues es todo visión, todo mente, todo oídos" (Jenófanes de Colofón). El texto proviene de Sexto Empírico, *Contra los matemáticos*, 9.144.

nos forjamos acerca de los dioses son locos e impíos, todas nuestras religiones ridículas y todos nuestros cultos vanamente penosos.

Hinc Acherusia fit stultorum denique vita. [*Lucr. l. 3*][99]

Ahora bien, desde siempre ha habido grandes filósofos que se han complacido en este parecer y que se han concedido plena libertad para declamar contra ese supuesto gobierno divino, tal como nos lo atestigua muy ingenuamente el gracioso Luciano haciendo que su Timón, después de haber lanzado mil escupitajos al cielo y miles de quejas contra su mal orden y su imaginaria providencia, despierta finalmente a Júpiter con sus gritos, quien pregunta a Mercurio de dónde podría proceder ese estrépito, agregando que sin duda debía ser alguno de esos filósofos que lo molestaban con tanta frecuencia.[100] Sin embargo, entre todos los que se han tomado esta libertad, no vamos a ver a ninguno que se haya explicado con tanta audacia como Epicuro y los suyos. Todos los otros, efectivamente, se han mostrado respetuosos con las opiniones recibidas acomodándose tímidamente a los tiempos y, disimulando con la mayor habilidad posible, se han conformado con hacer aparecer en

---

[99] "Así, la vida de los necios se convierte en su infierno" (Lucrecio, *De la naturaleza de las cosas*, 3.1023).
[100] Véase Luciano, *Timón o el misántropo*, 7.

los escritos algunas luces oscuras de sus pensamientos; Epicuro, en cambio, se jacta de tener por única compañía a los de su secta y de haber sido el primero en pronunciarse generosamente sobre este tema y en exhibir valientemente lo más recóndito de su conciencia, declamando abiertamente contra las falsas opiniones acerca de la providencia divina y contra los abusos introducidos por la vanidad de las religiones.

> *Nec miser impendens magnum timet aere saxum*
> *Tantalus, ut fama est, cassa formidine torpens:*
> *Sed magis in vita divum metus urget inanis*
> *Mortales, casumque timent quem cuique ferat fors*[101].

He aquí lo que había aprendido de él su discípulo, que no fue ingrato en el reconocimiento cuando dijo en su honor, hablando de la religión [*li. 1*]:

> *Primum Grajus homo mortalis tollere contra*
> *Est oculos ausus, primusque obsistere contra:*
> *Quem nec fama Deum, nec fulmina, nec minitanti*
> *Murmure compressit caelum*[102],

---

[101] "El pobre Tántalo no teme la enorme roca que pende en los aires, según el cuento, embotado de absurdos terrores, sino que más bien en esta vida el vano temor a los dioses agobia a los mortales que recelan de los percances que a cada cual le puede traer su suerte" (*De la naturaleza de las cosas*, 3.980).

[102] "Por primera vez un griego se atrevió a elevar abiertamente sus ojos mortales, y fue el primero en hacerle frente; a él no lo agobiaron ni los rumores acerca de los dioses ni el rayo ni el cielo con su rugido amenazador" (*De la naturaleza de las cosas*, 1.66).

y lo que sigue en estos versos filosóficos. Así, muchos afirman que temía la cicuta tanto como los otros y que sólo por este miedo dejó subsistir a los dioses; como dice Posidonio, *invidiae detestandae gratia; re tollit enim, oratione relinquit Deos* [*1. de Nat. Deo. et 2. de Divin.*][103]. Nuestro Sexto [*adv. Math.*] habla más o menos en los siguientes términos: *Epicurus, ut nonnullis videtur, quod ad vulgus quidem attinet, relinquit Deum; quod autem attinet ad rerum naturam, nequaquam*[104]. Esto es lo que hizo que Cicerón agregara que *Monogrammos Deos, et nihil agentes commentus est*[105]. Ahora bien, figurarse un dios gozando en sí mismo de su beatitud y sin interesarse en nada de lo que pasa aquí abajo, *nec habens sui, nec alieni negotii*, un dios que particularmente respecto del género humano,

Nec bene promeritis capitur, nec tangitur ira [*Lucr. li. 2*][106],

---

[103] Las palabras exactas de Cicerón son las siguientes: "... *nullos esse Deos, Epicuro videri; quaeque is de Diis immortalibus dixerit, invidiae detestandae gratia dixisse*" (*Sobre la naturaleza de los dioses*, 1.123). Esto es, Posidonio ha demostrado "que Epicuro no creía para nada en los dioses y que todo lo que decía sobre ellos era sólo para eludir la indignación del pueblo".

[104] "Epicuro, como creen algunos, mantiene a Dios cuando se trata del vulgo, pero no cuando se trata de la naturaleza de las cosas" (Sexto Empírico, *Contra los físicos*, 1.58).

[105] Epicuro "ha imaginado a los dioses como sombras y ociosos" (*Sobre la naturaleza de los dioses*, 2.59).

[106] "Ni se deja ganar por meritorios favores ni afectar por enfados" (*De la naturaleza de las cosas*, 1.49).

¿no es igual acaso a no reconocer divinidad alguna en absoluto? Sea como fuere, afirmó claramente su parecer en lo que concierne a la religión, y públicamente trató de socavar los fundamentos de todos los templos de Grecia. Ennio, entre los latinos, no pensaba de manera muy diferente cuando escribió:

Ego Deum genus esse semper dixi et dicam caelitum,
Sed eos non curare opinor quid agat humanum genus[107].

Y si queremos oír a los otros poetas que lo continuaron, nada veremos en ellos sino una diversidad de estilo. Virgilio habla así [*2. Georg.*]:

Felix qui potuit rerum cognoscere causas,
Atque metus omnis et inexorabile fatum
Subjecit pedibus, strepitumque Acherontis avari[108].

Oigamos ahora a Juvenal [*Sat. 13*]:

Sunt in fortunae qui casibus omnia ponant,
Et nullo credant mundum rectore moveri,

---

[107] "Siempre he dicho y siempre diré que los dioses existen, pero creo que no se ocupan de lo que hace el género humano" (*Telamon*, 1) Quinto Ennio (239-169 a. C), poeta nacido en Calabria, se hizo famoso principalmente por una narración de la historia de Roma titulada *Annales*, de la cual se conservan alrededor de 600 líneas. Se lo considera el padre de la poesía romana.

[108] "Feliz el que ha podido conocer las causas de las cosas y ha puesto bajo sus pies todos los terrores, el destino inexorable y el estrépito del avaro Aqueronte" (Virgilio, *Geórgicas*, 2.490).

Natura volvente vices, et lucis, et anni,
Atque ideo intrepidi quaecumque altaria tangunt[109].

Séneca [*in Agam.*] hace hablar a un coro de esta manera:

> ... *perrumpet omne*
> *Solus contemptor levium Deorum*
> *Qui vultus Acherontis atri,*
> *Qui Styga tristem non tristis videt,*
> *Audetque vitae ponere finem;*
> *Par ille Regi, par superis erit*[110].

La enumeración de pasajes semejantes sería infinita. Veamos ahora de qué raciocinio se valen estos autores para que el sentido los admita. Nos es imposible, dicen, concebir un Dios si no es con dos atributos, la perfecta bondad y la omnipotencia: el *Jupiter Opt. Max.* de los romanos. Supuesta tal cosa, es preciso que, o en la creación, si proviene de él, o en el gobierno del universo, si lo cuida, quiera como muy bueno lo que es mejor y lo pue-

---

[109] "Hay quienes atribuyen todo a los azares de la fortuna y no creen que el mundo sea movido por un conductor: es la naturaleza la que despliega la sucesión de días y de años, así se acercan sin miedo a cualquier altar" (Juvenal, *Sátiras*, 13.86-89).

[110] El comienzo del texto de Séneca reza, en realidad, "*Solus servitium perrumpet omne contemptor levium Deorum*". Su traducción sería: "Se libera de toda esclavitud sólo aquel que desprecia los caprichos de los dioses y que ve sin tristeza el rostro del negro Aqueronte y la triste Estigia, y se atreve a poner fin a su vida. Será igual a un rey y a los dioses" (Séneca, *Agamenón*, 604-609).

cia establecer en tanto todopoderoso. Ahora bien, sucede que allí advertimos defectos infinitos, mil monstruos que avergüenzan la naturaleza, otros tantos ríos que dañan los países o caen inútilmente en el mar pudiendo fertilizar regiones desérticas por su gran aridez, otros tantos rayos que caen inútilmente sobre las cimas del Cáucaso dejando impunes toda clase de crímenes (algo que podrían haber dicho, a mi parecer, tanto los antiguos que los creían fabricados por el cojo Vulcano como aquellos que marchaban muy a contrapelo del bien). En resumen, los que han querido extenderse sobre este tema observan en el mundo carencias innumerables, sean en el orden general, sea en el particular. Por consiguiente, agregan, si se establece un Dios, es preciso que él haya dejado todo a la discreción de no sé qué Parcas y que el Júpiter de Homero haya tenido razón de quejarse por no poder eximir a su hijo Sarpedón de la necesidad y de aquel célebre *Fatum*[111], o que la Fortuna sola disponga a placer de todas las cosas, sea porque éstas dependen del fortuito concurso y choque de los átomos de Demócrito, sea porque ellas provienen de la contingencia de algunas otras causas puramente casuales. Ya que si todas las cosas están predestinadas inevitablemente desde toda la eternidad o dependen absolutamente de la suerte

---

[111] Véase *Ilíada*, 16.433-460.

o de la Fortuna sin que los dioses intervengan, algo que muestran bastante los desórdenes señalados, se sigue por necesaria consecuencia que nuestras devociones, nuestras latrías, nuestras súplicas y oraciones son vanas y ridículas, inventadas por aquellos que quisieron beneficiarse con su introducción y luego confirmadas por la costumbre ciega y popular, e incluso por los más esclarecidos, quienes consideraron esa ficción muy útil para reprimir a los viciosos. Sólo por obra de un celo indiscreto ella con frecuencia produjo el efecto contrario:

Religio peperit scelerosa et impia facta [*Lucret. l. 1*][112].

Los egipcios [*Diod. Sic lib. 1*] pueden servir muy bien de ejemplo al respecto, ya que no atreviéndose, por respeto y motivos de conciencia, a comer perros ni gatos, cebollas ni coles, devoraban hombres con toda libertad. O también aquellos que, según nos cuenta nuestro maestro Sexto [*Pyrrh. Hypot. l. 3. c. 24.*], aseguraban que preferían comer la cabeza de su padre antes que una sola haba[113]. Y sobre tal asunto [los incrédulos] oponen a las historias del partido contrario, hechas a favor de la piedad y a las que consideran falsas o

---

[112] "La religión provocó acciones criminales e irreverentes" (*De la naturaleza de las cosas*, 1.83).
[113] Sexto Empírico, *Bosquejos pirrónicos*, 24.224-225.

fortuitas, y muy escasas en número, narraciones completamente contrarias, que nadie puede impugnar por ser infinitas y de todos los días, acerca de la prosperidad de los malvados y de la calamidad de los más virtuosos y religiosos. Jamás hubo una navegación más feliz que la del tirano de Siracusa en retorno a Locri, donde había cometido aquel famoso sacrilegio, violando y saqueando el templo de Proserpina [*Cic. 3. De Nat. Deo.*][114]. Y si Dionisio consideraba como una cínica verdad que Harpalo, el más grande corsario de su tiempo, era un testimonio contra los dioses por su larga y dichosa vida[115], también en nuestro tiempo podríamos nombrar a muchos cuyos comportamientos no argumentan con menos fuerza y claridad contra la providencia de esos dioses. El más devoto de los reyes de Portugal pereció miserablemente en África en la Jornada de los Tres Reyes[116], y la *Historia de la China* del P. Trigault[117] nos enseña que los emperadores más religiosos terminaron todos calamitosamente, por muerte violenta. Es así como

---

[114] Véase Cicerón, *Sobre la naturaleza de los dioses*, 3.83.
[115] En este caso, asimismo, la fuente parece ser *Sobre la naturaleza de los dioses* (3.83).
[116] Se trata de Sebastián I de Portugal, quien muere el 4 de agosto de 1574 en la batalla de Osar-Al-Kibir frente a tropas andaluzas al servicio del sultán Abd Al-Malik. A consecuencia de esa batalla, Portugal pierde el control del norte de África.
[117] Nicolas Trigault (1577-1628). Célebre misionero francés. Viajó por la India (1607) y por China (1609). Murió en Hangzhou. Su *Histoire de l'expedition chrestienne au royaume de la Chine entreprise par les PP. de la compagnie de Jesus* fue impresa en Lyon, 1616.

las religiones han sido maltratadas por los que, aun reconociendo los dioses, lo hicieron a la manera de Epicuro, es decir, como si no intervinieran en nuestros asuntos, y sin embargo Erasmo [*Dialo.*] decía hace poco acerca de su nombre ἐπικούριος, *auxiliator*, que *nemo magis promeretur nomen Epicuri quam Christus*[118].

Pero es entonces, una vez sorteados estos escollos irreligiosos y puestos a contemplar como en un gran océano el número inmenso y prodigioso de las religiones humanas, cuando nos damos cuenta de que si careciéramos de la fe que como aguja imantada mantiene nuestro espíritu en el polo de la gracia divina, sería imposible evitar errores y tempestades mucho más largas y peligrosas que las de Ulises, tormentas que nos llevarían finalmente a un naufragio espiritual. Un antiguo mármol de la China afirma que sólo ha habido 365 sectas desde el primer hombre, pero vemos muy bien que se trata de un cifra simulada, igual a los días del año, y por poco que pensemos nos daremos fácilmente cuenta de que tal número es imposible de determinar. Lo cual lleva a pensar humanamente a los incrédulos que, así como Ptolomeo o sus predecesores inventaron las hipótesis de los epiciclos o concéntricas y de otras máquinas fantásticas similares para dar razón de los fenómenos o apariencias celestes, y

---

[118] "Nadie mereció más el nombre de Epicuro que Cristo" (Erasmo, *Coloquios*, "El epicúreo", 63.169).

como cada uno podría hacer caprichosamente lo mismo a su modo, suponer la movilidad de la tierra y el reposo del firmamento, o cosas semejantes, medios que le permitirían salvar y explicar metódicamente lo que vemos con nuestros sentidos acerca de las cosas del cielo, así también todo lo que sabemos de los dioses y de las religiones no es más que lo que los hombres más capaces han concebido como más razonable según su entender para la vida moral, económica y civil, con el fin de explicar los fenómenos de las costumbres, acciones y pensamientos de los pobres mortales y darles ciertas reglas de vida exentas, en la medida que sea posible, de todo absurdo. De manera que si se encontrara todavía alguien con mejor imaginación que sus predecesores para establecer nuevos fundamentos o hipótesis que explicasen más fácilmente todos los deberes de la vida civil y todo lo que pasa por lo general entre los hombres, no sería menos admisible con un poco de buena fortuna que Copérnico y algunos otros con su nuevo sistema, donde dan cuenta más clara y brevemente de todo lo que se observa en los cielos, dado que finalmente una religión, concebida así, no es otra cosa que un sistema particular que da razón de los fenómenos morales y de todos los aspectos de nuestra dudosa ética. Ahora bien, en esta infinidad de religiones no hay casi nadie que no crea poseer la verdadera y que, condenando todas las otras, no combata *pro aris et focis* hasta la última gota su sangre. Al igual que, según decía Estesícoro en Platón [*9. de Repu.*], los troyanos, ignorando la figura de la bella Helena, discutían acerca de su parecido, aquí no hay nadie que no crea tener su retrato verdadero[119]. Todo el mundo está afectado, cada uno en su condición, por la pasión de aquel rey de Cochinchina que no concebía gloria mayor que triunfar sobre los dioses de sus enemigos, según dice Mendès Pinto[120] (aunque al respecto esté en contradicción hasta cierto punto con el padre Cristóforo Borri[121], quien asegura que en el año 1622, cuando él estaba en Cochinchina, allí cada uno podía vivir según su ley y en total libertad). Lo cual se explica por el hecho de que así como la unidad de la religión liga y une, según su etimología, *a religando*, la diversidad separa y divide maravillosamente. Testimonio de ello es la estratagema de aquel príncipe de Egipto que instituyó diversos animales como dioses, pero dio uno a cada ciudad o cantón: con el fin de que, dice Diodoro [*lib. 1*][122], adorando cada uno su dios particular y des-

---

[119] Véase *República*, 9 586c.
[120] Fernao Mendès Pinto (1509-1583). Famoso viajero portugués que durante veintiún años recorrió el Lejano Oriente. En 1614 (Lisboa) apareció su *Peregrinaçao*, considerada por algunos una gran novela de aventuras.
[121] Cristóforo Borri (1583-1632). Misionero, matemático y astrónomo italiano. Fue uno de los primeros jesuitas en llegar a la Cochinchina; lo hizo en 1616. Su escrito más importante *Relatione della nuova missione delli P.P. della Compagnia di Gesù al Regno della Cocincina* apareció en Roma, 1631.
[122] *Biblioteca histórica*, 1.33.

preciando el de su vecino, no pudieran estar nunca de acuerdo entre ellos y en consecuencia no fueran capaces de conspirar contra su dominio. Y siempre ha habido quienes tuvieron todas las religiones por indiferentes o igualmente buenas,

> *Minimum est quod scire laboro.*
> *De Jove quid sentis?* [*Pers.*][123]

Así, el Proclo de Marino[124] no quería que el filósofo se atara a una manera particular de adorar los dioses sino que fuera iniciado y como sacerdote de toda clase de religiones, κοινῇ τοῦ ὅλου κόσμου ἱεροφάντην, así también Temistio[125], en dos oraciones diferentes, eleva hasta los cielos a los emperadores Joviano y Valente por haber permitido mediante sus edictos la libertad de conciencia, autorizando y aprobando por igual todas las religiones que había en el mundo. Para conducirnos al cielo, dijo, existe más de una vía de piedad y devoción, y es verosímil que a Dios le plazca esta varie-

---

[123] "Lo que quiero saber es poca cosa: ¿qué piensas tú de Júpiter?" (Persio, *Sátiras*. 2.17-18).

[124] Marino de Neápolis (ca. 440 - ca. 495 d. C.). Diádoco de la escuela neoplatónica de Atenas. En el 486, con motivo del primer aniversario de la muerte de Proclo, pronunció un discurso en recuerdo de su maestro que se conoce con el título de *Proclo o de la felicidad*.

[125] Temistio de Paflagonia (317-388). Sus paráfrasis de Platón y, especialmente, de Aristóteles, fueron famosas en la Antigüedad y muy utilizadas por los comentaristas árabes. Tuvo asimismo una importante carrera política. La primera edición moderna de sus *Orationes* se publicó en Venecia (1534).

dad en toda la naturaleza. ¿Acaso no vemos las cortes de los príncipes, que son imágenes de Dios, mucho más ilustres en virtud de la diferencia de oficiales de diversas naciones y la variedad de ministerios que éstos ejercen en ellas, cada uno con sus consideraciones y formas de hacer particulares? La guardia escocesa, junto a la de los franceses y a la de los suizos, hacen tanto por la majestad como por la seguridad de un Louvre. Sobre este fundamento edificaron los romanos su Panteón y el templo de Salomón recibía las oraciones de todos los pueblos de la tierra [*3. Reg. c. 8. et 2. Par. c. 6. et 7.*]. Y este rey, lleno de sabiduría, no había dejado de construir altares a los dioses de todas sus mujeres extranjeras, dioses a los cuales él creía poder adorar tan bien como a aquel que lo había gratificado con la sapiencia infusa, *colebat Asthartem Deam Sidoniorum, et Chamos Deum Moabitarum, et Moloch idolum Ammonitarum* [*3. Reg. c. 11*][126]. Jehú, Joás y varios otros reyes de Israel consideraban que podían ofrecer sacrificios a los dioses de sus padres y a los becerros de oro al mismo tiempo [*4. Reg. c. 10. 12. 14. et 15.*];

---

[126] "[Salomón] veneraba a Astarté, diosa de los sidonios, y a Kemós, dios de los moabitas, y a Moloch, ídolo de los ammonitas". Paráfrasis con varios errores, pues el texto de *Reyes* (1.11.5-7) reza así: "*colebat Salomon Astharthen, deam Sidoniorum, et Melchom idolum Ammonitarum. Fecitque Salomon quod non placuerat coram Domino et non adimplevit ut sequeretur Dominum sicut David pater eius. Tunc aedificavit Salomon fanum Chamos idolo Moab in monte, qui est contra Ierusalem, et Melchom idolo filiorum Ammon*".

Manassés, rey de Judá, llenó el templo del Señor de altares diferentes y de ídolos [*Ib. c. 21.*]. Las colonias trasladadas de Babilonia y de otras ciudades de Asiria en lugar de las de Israel, *cum Dominum colerent Diis quoque simul serviebant, juxta consuetudinem gentium de quibus translati fuerant Samariam* [*Ib. c. 17*][127], y Darío, en la religión de los persas [*1. Esd. c. 6*], no dejó de permitirle a los judíos la reedificación de su templo, *ut orarent pro vita Regis et filiorum ejus*[128], mostrando así que tenía en cuenta las plegarias a Dios en la religión que fuera. El emperador Alejandro Severo reverenciaba por igual las imágenes de Jesucristo, de Abraham, de Orfeo y de Apolonio, como aquella Marcelina Carpocraciana de la cual nos habla san Agustín [*l. de haeres.*], que incensaba al mismo tiempo y con igual devoción las imágenes de Jesucristo, de san Pablo, de Homero y de Pitágoras. El historiador Lampridio dice que Adriano tenía una inclinación semejante en este aspecto, también [*Dion Cass.*] hizo construir un templo a Júpiter que puso junto al de Salomón. Otro emperador decía: *Aliam se sibi religionem, aliam servare imperio*[129]. Y Constantino el Grande vivió de tal manera que a su muerte fue dios para los paganos y canonizado

---

[127] "Mientras reverenciaban al Señor, al mismo tiempo servían a los dioses según las costumbres de las naciones desde donde habían sido trasladados hasta Samaria" (*Reyes*, 2.17.33).
[128] "Para que rogaran por la vida del Rey y de sus hijos" (*Esdras*, 6.10).
[129] "[Decía] que mantenía una religión para sí y otra para el imperio".

como santo por los cristianos. Esto es lo que hizo que Cardano afirmara audazmente en el primer libro de su Sabiduría, *non solum veram, sed et falsam religionem in pretio habendam esse*[130]. Y es lo que hizo concluir a Heródoto que Cambises, ese destructor de templos e incendiario de los dioses de Egipto, debía ser un perfecto insensato, *alioqui*, dijo, *non habuisset templa legesque ludibrio*[131]. Pero san Justino, llamado el Mártir y el Filósofo, va mucho más allá cuando sostiene [*1. et. 2. Apol.*] que todos los que hagan un recto uso de la razón natural, incluso si fueran considerados ateos, no dejan de ser verdaderamente cristianos, puesto que Jesucristo no es otra cosa que ese verbo divino, ese $\lambda\acute{o}\gamma o\varsigma$ y esa razón natural de la cual todos los hombres participan, *quae illuminat omnem hominem venientem in hunc mundum*; de manera que antes de la llegada del Mesías los hombres habrían sido cristianos, y los que vivían sin razón, $\H{\alpha}\chi\rho\iota\sigma\tau o\iota$ o anticristianos.[132] De donde concluye que Sócrates, Heráclito y varios otros tenidos por bárbaros y sin culto divino, eran sin embargo verdaderamente cristianos puesto que observaban las leyes de esa recta razón, razón que es la misma que la mayor parte de nuestros padres estima haber santificado a Melquisedec,

---

[130] "No sólo la verdadera religión debe ser valorada, también la falsa" (Cardano, *De sapientia*, p. 17).
[131] "De otra manera, no habría ultrajado los templos y las leyes" (Heródoto, 3.38).
[132] Véase Justino, *Primera apología*, 46.

a Job y sus amigos, a Abraham, a Elías, a Ananías y a paganos de similar condición, hombres que uno y otro Testamento canonizan, como si las virtudes morales, siguiendo este axioma de la teología: *Facienti quod in se est Deus non denegat gratiam*[133], fueran un señuelo de la gracia divina en todos los que las practican. No hay dudas de que incluso hoy en día en la mayor parte de las Indias Orientales se admiten todas las religiones indiferentemente; Odoardo Barbosa[134] nos lo dice respecto de Calcuta y de Bisnagar, en el reino de Narsinga. El rey de Ternate[135] es moro, mahometano y gentil al mismo tiempo. Cadamosto asegura que Budomel, príncipe de los Negros, tenía a la religión cristiana y a la religión mahometana por igualmente buenas[136]. Marco Polo nos relata que el Gran Kublai Kahn observaba el culto y celebraba las fiestas de judíos, mahometanos, idólatras y cristia-

---

[133] "Dios no niega la gracia a quien hace lo que le corresponde" Esta expresión aparece en Tomás de Aquino, *Suma de teología*, Iª-IIae q. 109 a. 6 arg. 2.

[134] Odoardo o Duarte de Barbosa (1480-1521). Marino portugués que acompañó a Hernando de Magallanes, su cuñado, y Sebastián Elcano en el viaje alrededor del mundo. Fue asesinado en la isla de Cebú (Filipinas). Se le atribuye un relato de su travesía por la India publicado en español en 1563.

[135] Al norte de las Islas Molucas o Islas de las Especies.

[136] Luigi o Alvise da Cadamosto (1432?-1511?). Navegante veneciano al servicio del reino de Portugal. Realizó dos viajes por el continente africano. En 1457 llegó a las Islas de Cabo Verde y se consideró el primero en descubrirlas. Publicó un relato detallado de sus expediciones, en 1507, donde constaban también sus amistosas conversaciones con el rey Budomel y su sobrino Bisboror. Al parecer, Budomel reinaba en territorios al sur del río Senegal.

nos, asegurando que dirigía sus ruegos al más grande entre Jesucristo, Mahoma, Moisés o Sagamoni Burcan, considerado el primer Dios de todos los ídolos[137]. Y el padre Trigault dice que en el imperio de los chinos jamás se obliga ni molesta a nadie por cuestiones religiosas. También Juan León, escribiendo en el tercer libro de su *África*, dice que según una secta mahometana no hay error posible en materia de religión, sea cual sea la fe o ley que se siga, puesto que todos los humanos tienen intención de adorar a quien se lo merece, el cual, según Celso en Orígenes [*l. 5 contra Celsum*], es siempre el mismo aunque se lo reconozca bajo cultos y nombres diferentes: el Júpiter de los griegos no es otro que el Adonai o el Sabaoth de los judíos, el Amón de los egipcios, el Papai de los escitas, y así de las otras naciones[138]. Acerca de lo cual se ha señalado que todos los que, instigados por Palas, es decir por alguna sutileza científica, se atrevie-

---

[137] Sagamoni Burcan es el nombre mongol de Buda, que corresponde a Shakyamuni Buda. Según Marco Polo, Kublai Kahn respondió de esta manera a quienes le preguntaron por qué celebraba las fiestas de las cuatro religiones: "Existen cuatro profetas, en muchas tierras adoradas, de modo que todos los hombres rinden homenaje a alguno de ellos. Los cristianos dicen que su Dios fue Jesucristo, los sarracenos adoran a Mahoma y los judíos a Moisés, y los idólatras a Sagamoni Burkan, primero entre los ídolos. Yo rindo a estos cuatro honor y reverencia, y al ser alguno de ellos el mayor en el cielo y el más verdadero, devotamente le ruego que me ayude" (Marco Polo, *Viajes*, traducción de Juan Barja de Quiroga, Madrid, Akal, 1998, p. 183).

[138] Se trata, claro, de *El discurso verdadero contra los cristianos* de Celso. El pasaje recordado puede leerse en 4.59 (pág. 71 de la edición de Serafín Bodelón, Madrid, Alianza, 1988).

ron, como si fueran Diomedes, a herir a Venus y atacar a los dioses, violando alguna religión o haciéndoles la guerra abiertamente, jamás han permanecido impunes mucho tiempo:

ὅττιμάλ' οὐ δηναιὸς ὅς ἀθανάτοισι μάχοιτο
Quod valde non longaevus sit qui cum Immortalibus
pugnaverit [*Il. E.*][139]

como canta el buen Homero, agregando inmediatamente este consejo importante:

Φράζεο, τυδέιδε, καὶ χάζεο, μηδέ θεοῖσιν
ἶσ ἔθελε φρονέειν, ἐπεὶ οὔποτε φῦλον ὁμοῖον
Ἀθανάτων τέ θεῶν, χαμαὶ ἐρχομένων τ' ἀνθρώπων
Cave Tydide, et recede, neque Diis
Paria velis sapere, quoniam nunquam genus simile erit
Immortaliumque Deorum, ac humi euntium hominum[140].

La mayor parte de las religiones supone la inmortalidad de las almas, prometiendo después de la muerte recompensas para la virtud y asustando a los viciosos con las penas que les esperan. Con este fin hay quienes inmortalizaron incluso el cuerpo por medio de una resurrección milagrosa. Los

---

[139] "Quien lucha con los inmortales no llega a viejo" (*Ilíada*, 5.406).
[140] "Reflexiona, hijo de Tideo, y retírate; no pretendas ser igual a los dioses, puesto que jamás había comparación posible entre la raza de los inmortales y la de los hombres que reptan por el suelo" (*Ilíada*, 5.440-441).

saduceos, entre los judíos, sin embargo, creían el alma mortal y se mofaban de esa supuesta resurrección sosteniendo que en todo el Pentateuco de Moisés no hay nada sobre lo cual se pueda fundar la inmortalidad del alma, y que todas las gracias de Dios, y los mismos castigos, aparecen allí como puramente temporales. Hay sabatarios[141] en Polonia y en Transilvania que hasta hoy en día sostienen la misma doctrina, doctrina según la cual Juvenal decía de su tiempo [*Sat. 2.*]:

> *Esse aliquos manes et subterranea regna*
> *Et contum, et Stygio ranas in gurgite nigras,*
> *Atque una transire vadum tot millia cymba*
> *Nec pueri credunt, nisi qui nondum aere lavantur*[142].

En China hay una secta de religiosos llamados nautolinos que predican públicamente la mortalidad de las almas. Y parece que los habitantes de Tracia tenían una religión similar antes de Zalmoxis, quien fue el primero, según Heródoto

---

[141] Los "sabatarios", "circuncisos" o *"passagii"* eran cristianos que aceptaban a Jesús y el Nuevo Testamento, pero al mismo tiempo conservaban preceptos judíos como la circuncisión, las leyes dietéticas, la estricta observancia de los sábados, etc. Todavía existen en Europa oriental.

[142] "¿Existen los manes, un reino subterráneo, un gancho de barquero, una Estigia con negras ranas en sus abismos y una única barca para hacer pasar el río a millares de sombras? Ni siquiera los niños lo creen, excepto los que todavía no tienen edad para pagar los baños" (Juvenal, *Sátiras*, 2.149-152).

[143] Véase Heródoto, 4. 93-96.

[*lib. 4*][143], en anunciarles la inmortalidad, y que también la había en el resto del mundo antes de Ferécides Siríaco (quiero decir, de la isla de Siros), si es que tiene razón Cicerón al asegurar que fue éste el primero en sostener un alma eterna, o antes de Tales, si fue éste el inventor de esa opinión, tal como lo pretende el escritor de su *vida [D. Laert. in Thal.]*[144].

Unos quieren una religión ceremoniosa, con infinitas leyes prescritas sobre este tema por la santidad, *sanctitas est scientia colendorum Deorum*, dice Cicerón[145]. Otros sostienen que para adorar a los dioses sólo se requiere pureza espiritual y que como única premisa debemos ofrecerles la pureza de nuestra alma. *Satis illos coluit*, dice Séneca, *quisquis imitatus est*[146].

Nos lavamos la frente con agua bendita a la entrada de las iglesias, tal como los paganos lo hacían con el agua lustral [*Athenag. de l'Am. l. 2 et 9*][147]; los mahometanos se lavan los pies y las partes íntimas de adelante y de atrás a las puertas de

---

[144] El pasaje aludido de Cicerón se encuentra en *Disputas tusculanas* 1.16.
[145] "La santidad es la ciencia del culto divino" (*Sobre la naturaleza de los dioses*, 1.116).
[146] Séneca escribe "*Satis illos coluit quisquis imitatus est*", es decir, "quien los imita les rinde culto suficiente" (*Epístolas morales a Lucilio*, 95.50).
[147] Se refiere al romance *Du vray et parfait amour. Ecrit en grec par Athenagoras athenien. Contenant les amours honestes de Theogenes et de Charite, de Pherecides et de Melangenie*. La obra apareció en 1612 y se atribuye a la pluma de Martin Fumée.

sus mezquitas; los indios occidentales de la Isla Española [*Belon. l. 3 c. 32*][148] piensan que han quedado purificados de todo crimen después de descargar el estómago por el vómito a los pies de los altares.

Unos enrojecieron estos altares de sangre humana, como los cartagineses y últimamente los indios del Perú, que inmolan a sus propios niños ante los ídolos. Otros aprobaron los sacrificios que se hacían, *farre pio et saliente mica*[149], y el corazón contrito y humillado en los holocaustos más solemnes y en todas las hecatombes olímpicas[150].

Unos quieren que se pida a los dioses lo que se cree necesitar [*Julianus de Cynica secta*][151]. Pitágoras lo prohíbe en Diógenes Laercio, puesto que, a su juicio, no hay nadie que sepa en verdad τὸ συμφέρον,

---

[148] El autor citado puede ser Pierre Belon (1518-1564), viajero y naturalista francés que, además de tratados científicos sobre peces y pájaros, compuso en 1553 *Les observations de plusieurs singularitez et choses mémorables, trouvées en Grèce, Asie, Judée, Egypte, Arabie et autres pays estranges, rédigés en trois livres*. La Isla Española es, recordemos, la que en la actualidad comparten República Dominicana y Haití.

[149] "*Immunis aram si tetigit manus / Non sumptuosa blandior hostia / Mellivit aversos Penates / Farre pio et saliente mica*". "Si [tu] mano pura tocó el altar, una víctima suntuosa no calmó, más agradable, a los adversos penates con una torta piadosa y sal crepitante" (Horacio, *Odas*, 3.23.17-20).

[150] El texto reza así: "*et à toutes les hécatombes, voire chiliombes olympiques*". La palabra "*chiliombe*" era ya muy inusual en el siglo XVII y significaba el sacrificio de mil bueyes o mil víctimas. No hay una expresión equivalente en español, por eso hemos preferido omitirla.

[151] Recordemos que el emperador Juliano compuso dos escritos en relación con la "secta del perro", titulados *Contra los ignorantes cínicos* y *Al cínico Heracleios*.

lo que es apropiado y útil[152]. *Fiat voluntas tua*, dicen los cristianos.

Unos, como los judíos, tienen como día de descanso el sábado, al que llaman día del Señor. Los turcos lo han puesto en el viernes, los cristianos sabatizaron el domingo.

Unos requieren que nuestra devoción construya templos soberbios, iglesias y mezquitas magníficas. Los persas, según el relato de Heródoto [*lib. 1*], se burlaban de todo eso, y Persio exclama:

Dicite Pontifices in sanctis quid facit aurum? [*Pers. Sat.*][153]

Atenágoras [*li. 5 del Amor*] nos representa la nave del templo de Júpiter Amón toda descubierta, para mostrar, dice, que la divinidad del gran dios, difundida en todas partes, no puede ser encerrada en lugar alguno aquí abajo. Y Apolonio, en Filóstrato [*lib. 6. c. 9*], prohibe el uso de imágenes puesto que nuestro espíritu se puede imaginar mucho mejor una divinidad:

ἀναγράφει γὰρ τὶ ἡ γνώμη καὶ ἀνατυποῦται
δημιουργίας κρεῖττον,
mens enim describit, et format aliquid omni sculptura
picturave praeclarius[154].

---

[152] Diógenes Laercio, *Vida de Pitágoras*, 6.
[153] "Decidme, sacerdotes, ¿qué hace el oro en un santuario?" (Persio, *Sátiras*, 2.69)
[154] "Pues la mente delinea y configura algo mejor que toda la escultura y la pintura" (*Vida de Apolonio*, 6.19).

De la misma manera, el autor de la Sabiduría de los Hebreos [c. 14], relaciona la primera idolatría con el dolor de un padre que ordenó hacer una imagen de su hijo muerto, ofreciéndole después sacrificios[155].

Unos piden inquisiciones y quieren que se empleen torturas y fuego a propósito de la religión, *cogatque magistratus, si non ad fidem saltem ad media fidei*[156]. Los otros son del parecer de Tertuliano, Justino el Mártir y tantos otros, *contra religionem esse, cogere religionem*[157], y sostienen que los romanos han sido en eso el pueblo más justo y sagaz de la tierra, conformándose con hacer cumplir las leyes del imperio sin violentar a nadie por asuntos religiosos. Unos enseñan que la religión está en el Estado; Optato[158], obispo africano, sostenía que el Estado estaba en la religión. Unos tienen por máxima que, siendo la primera ley de Dios la ley natural, la religión cuyas leyes guarden más conformidad con ésta debe ser considerada la mejor: por eso dicen que el oro y la religión son contrarios en esto [*Oviedo somm.*

---

[155] "Un padre atribulado por un luto prematuro / encarga una imagen de su hijo malogrado; / al hombre muerto de ayer, hoy como un dios le venera / y transmite a los suyos misterios y ritos" (*Sabiduría*, 14.15).
[156] "[Y quieren que] el juez obligue, sino a la fe por lo menos a mitad de ella".
[157] "Sed nec religionis est cogere religionem" ("Pero no es de la religión forzar a la religión", Tertuliano, *Ad Scapulam*, 2.2).
[158] San Optato, obispo de Milevi, en Numidia. Su escrito *De Schismate Donatistarum adversus Parmenianum* es el principal documento acerca del donatismo; fue escrito probablemente entre el 366 y el 370.

c. 30]¹⁵⁹: que en el río el oro se encuentra tanto mejor y de quilates tanto más altos cuanto más alejado esté de la mina, mientras que en la religión, cuanto más se la hace remontar hacia la fuente de la ley natural mayor gracia y pureza se le devuelve. Otros, por el contrario, afirman que la menos humana y más sobrenatural, por no decir extravagante, de las religiones, siempre será sostenida con tanta más obstinación cuanto menos caiga bajo el examen de nuestra razón, y que por tal motivo debe aparecer como completamente celestial. Hay quienes siguen aquí una vía neutra, considerando la religión de sus ancestros preferible a cualquier otra. Ésta es la razón, dice Aristóteles a su discípulo, en la Retórica [*c. 3*], por la cual todos los oráculos nos enseñan esta doctrina¹⁶⁰, y efectivamente Sócrates según Jenofonte, en el cuarto libro de sus declaraciones memorables, nos da una del dios délfico, el cual, interrogado por alguien πῶς ἂν τοῖς θεοῖς χαρίζοιτο, le respondió: νόμῳ πόλεως¹⁶¹; y Cicerón nos refiere

---

[159] Gonzalo Fernández de Oviedo y Valdés (1478-1557), historiador y viajero español. La obra que se cita aquí apareció en Toledo en 1526 bajo el título de *Sumario de la natural historia de las Indias*. Giovanni Battista Ramusio (*Navigazione e viaggi*, Vol. 5) publicó en 1550 una versión en italiano: *Sommario della naturale e generale istoria dell'Indie occidentali, composta da Gonzalo Ferdinando d'Oviedo*.

[60] Acaso se refiera a este pasaje de la *Retórica* (3.17.10): "Arengar es más difícil que defender; se comprende: en el primer caso nos ocupamos del futuro, y en el segundo del pasado. Los augures bien lo sabían, tal como ha dicho Epiménides el Cretense. Él no pronunciaba oráculos sobre el futuro sino sobre el pasado, por otra parte desconocido".

[51] "¿Cómo honrar a los dioses? Seguid las leyes de vuestro país".

en el lib. 2 de sus Leyes la de Apolo Pitio, quien le dijo a los atenienses que lo habían consultado sobre el tema que siguieran la religión de sus mayores, y preguntado nuevamente acerca de cuál era ésa, les dijo que era la mejor, recurriendo así a un círculo y a una petición de principio, algo vicioso en el terreno de la dialéctica pero no en una materia tan quisquillosa como ésta[162]. El valiente pontífice Cotta [*3. de Nat. Deo.*] reconoce que, a propósito de la religión, *majoribus suis etiam nulla ratione reddita credit*[163], y que al respecto se encomienda más a Escipión, Scévola, Lelio y Coruncanio que a Zenón, Cleantes y Crisipo. Tampoco Platón [*5. de leg.*], por divino que haya sido, quería que su legislador innovara la menor cosa en la religión *sive ex Delphis, sive ex Dodone, sive ex Hammone venerit*[164], y lo repite en otro lugar [*in Epinomi.*] dando la siguiente razón: *nihil movebit sapiens in sacris; scit enim mortali naturae non esse possibile certi quicquam de his cognoscere*[165],

---

[162] Véase Cicerón, *Las leyes*, 2.16.
[163] "Cree en lo que le enseñaron sus ancestros, aun sin pruebas" (*Sobre la naturaleza de los dioses*, 3.6).
[164] Platón, *Leyes*, 5 738c.
[165] "Nada cambiará el sabio en las cuestiones sagradas, pues sabe que no es posible para la naturaleza mortal conocer algo cierto acerca de ellas". Debe referirse al siguiente pasaje de *Epinomis*, 985 d: "es deber del legislador, por poca prudencia que tenga, no intentar innovación alguna en esta materia ni introducir en el estado ningún culto que no tenga fundamento cierto. Es deber de él, asimismo, no apartar a sus conciudadanos de los sacrificios establecidos por la ley del país, porque nada conoce acerca de tales cosas y ni siquiera es posible para la naturaleza mortal conocerlas". Recordemos que existen muchas dudas sobre la autenticidad de este diálogo.

agregando en el Timeo cuando trata el mismo tema de los dioses, *priscis viris hac in re credendum est, qui Diis geniti, ut ipsi dicebant parentes suos optime noverant*[166]. Esto es lo que llevó al Senado romano a quemar los libros de Numa, libros que alteraban el orden establecido en sus templos, y es también lo que hizo decir atinadamente a Marco Antonino, relatando todo lo que recordaba de quienes cuidaron su educación, que, en cuanto a la religión, la había mamado con la leche y se había atenido a lo que su madre le enseñara al respecto, $παρὰ τῶ μετρὸς τὸ θεοσεβὲς$, lo cual me lleva a querer explicar aquí el proverbio griego traducido en estos términos por Quintiliano [*5. Justit. c. ult.*]: *Quem mater amictum dedit sollicite custodientium*[167].

Unos estiman que no es posible ser demasiado religioso, siendo loable el exceso en las cosas buenas, y que en todo caso es preferible ser supersticioso a impío o ateo. Otros favorecen la opinión de Plutarco, quien ha mostrado expresamente en un tratado el reverso de esta medalla[168]. El ateísmo, dice

---

[166] Como en el caso de la cita anterior, el pasaje recordado a medias por nuestro autor debe ser el de *Timeo*, 40d: "En cuanto a las otras divinidades, exponer y conocer su generación supera nuestras fuerzas: es preciso ajustarse a los que han hablado antes que nosotros. Descendiendo éstos de los dioses, según decían, conocían sin duda sus ancestros. Es imposible, por tanto, no creer en la palabra de los hijos de los dioses, aun cuando sus afirmaciones no se funden sobre razones verosímiles ni ciertas".

[167] "... que guarden religiosamente la ropa que su madre les dio" (Quintiliano, *Instituciones oratorias*, 5.14.31).

[168] El tratado de Plutarco se titula *De Superstitione* o *Peri Deisidaimonias*.

el canciller Bacon en sus ensayos morales ingleses, deja al hombre la razón, la filosofía, la piedad natural, las leyes, la reputación y todo aquello que pueda servir de guía a la virtud; la superstición, en cambio, destruye esas cosas y erige una tiranía absoluta en el entendimiento de los hombres. Por esta razón, el ateísmo jamás perturba los Estados y hace al hombre más precavido respecto de sí mismo, como si no viera más lejos. Y veo, agrega, que los tiempos inclinados al ateísmo, como el de Augusto César y, en algunas regiones, el nuestro, han sido tiempos afables y todavía lo son, mientras que la superstición, llevando a la novedad al primer móvil, el cual arrebata a su vez todas las otras esferas de los gobiernos, es decir, el pueblo ha causado confusión en muchos estados[169].

Unos dicen que hay que temer a este Dios tres veces grande y temblar frente al rostro del Señor, puesto que David ha afirmado en el cántico que su Dios es *terribilis super omnes Deos* [*1. Paralipo. c. 19*]; a propósito de esto, Charron sostiene que todas las religiones son extrañas y horribles para el sentido común[170], otros, sin embargo, responden que, al contrario, *Deos nemo sanus timet. Furor est enim metuere salutaria: nec quisquam amat quos timet* [*Sen.*

---

[169] Estas reflexiones se encuentran en el ensayo *"On Superstition"*, capítulo 17 de los *Essays or Counsels, Civil and Moral, of Francis Ld. Verulam Viscount St. Albans.*
[170] Véase Pierre Charron, *De la sabiduría*, 2.5 (p. 295 de la traducción de Elsa Fabernig, Buenos Aires, Losada, 1948).

4. de Bene. c. 19] [171]. Es por esto que Séneca hace que su sabio, *si Deorum hominumque formidinem ejecit, et scit non multum esse ab homine timendum, a Deo nihil* [*7. De Ben. c. 1*] [172].

Unos hicieron machos a los dioses, otros los hicieron hembras; Trismegisto y Orfeo nos los representan andróginos. Sinilio, por su parte, dijo del verdadero Dios en sus himnos [*Hym. 2*], que es padre y madre, macho y hembra al mismo tiempo[173].

Unos, como Zenón [*Arist. in Zen.*][174] y Jenófanes [*D. Laert. et Hesy. in Xeno*][175], le dieron a Dios una figura redonda. Por esto Platón quería que incluso el mundo tuviera forma esférica, *quod conditoris esset rotunda figura* [*D. Laert. in Plat.*][176]. Otros no se pueden imaginar a los dioses si no son como los de Epicuro, ἀνθρωποειδεῖς, de figura humana, y

---

[171] "El hombre razonable jamás teme a los dioses. Pues es locura tener miedo de lo que nos favorece, y no se puede amar lo que se teme" (Séneca, *Sobre los beneficios*, 4.19).

[172] "Si quita todo espanto de los hombres y de los dioses, sabe que hay poco que recelar de los hombres y nada de los dioses" (*Sobre los beneficios*, 7.1.4).

[173] Debe tratarse de Sinesio de Cirene, filósofo neoplatónico convertido al cristianismo que nació en Libia en 370 y murió alrededor del 414. Sus *Himnos* se encuentran en la *Patrología* de Migne (66, pp. 1608-1609).

[174] Debe referirse a cierto tratado sobre Zenón de Elea atribuido falsamente a Aristóteles en algún momento. Al respecto, puede encontrarse cierta información en Gabriel Naudé (*Apologie pour tous les grands hommes qui ont esté accusez de magie*, Cap. VI), o en Benito Jerónimo Feijoo ("Mérito y fortuna de Aristóteles y de sus escritos", *Teatro crítico universal*, tomo IV, discurso 7), quien cita a Naudé.

[175] Véase Diógenes Laercio, *Vida de Jenófanes*, 3.

[176] Diógenes Laercio, *Vida de Platón*, 41.

vemos que la teantropía sirve de fundamento a todo el cristianismo.

Unos conciben a Dios como un animal inmortal (dejo de lado si es preciso poner ζῶν, *vivens*, en lugar de ζῷον, animal, en el texto de Aristóteles). Cicerón [*3. De Nat. Deo.*], señalando que había en su tiempo grandes discrepancias para decidir sobre este tema, *nostri quidem publicani, cum essent agri in Boeotia Deorum immortalium excepti lege censoria, negabant immortales esse ullos qui aliquando homines fuissent*[177]. Otros confundieron la divinidad con la mortalidad, *Deum faciendo*, como dice Plinio, *qui jam etiam homo esse desierit*[178], en cuyo caso sucede lo mismo que se veía en los comicios de los romanos, cuando los mismos que habían creado los cónsules y los pretores se inclinaban delante de ellos con gran admiración; *ut puto Deus fio*[179], decía Vespasiano con sus humoradas de costumbre sintiéndose morir [*Suet. in Vespas. Art. 23*], y Nerón en Séneca,

Stulte verebor ipse cum faciam Deos.[*Sen. in Octav.*][180]

---

[177] "Nuestros propios recaudadores de impuestos, al encontrarse con que había en Beocia tierras de los dioses inmortales que estaban exentas por ley censoria, negaban que pudiera considerarse como inmortal a quien hubiese sido hombre" (*Sobre la naturaleza de los dioses*, 3.49).

[178] "Se hace un dios de aquel que incluso ha dejado de ser un hombre" (Plinio, *Historia natural*, 7.188).

[179] ""Pienso que me estoy convirtiendo en Dios".

[180] "¿Temeré insensato a los dioses, yo que los hice?" (Séneca, *Octavia*, 449).

A decir verdad, muchos fueron deificados incluso en vida, como Darío según la relación de Diodoro. Entre todos los reyes de Egipto, el oráculo hizo consagrar en vida un Eutimo, *nihilque de eo mirum aliud quam hoc placuisse Diis*, como dice Plinio *[Plin. l. 7. c. 47]*[181]. Calígula y Domiciano Nerón[182] se hicieron construir templos y se contemplaban a sí mismos como dioses *[Tacit. 15. Ann.; Sueton. in Calig. art. 22 et Domit. art. 13]*. Los brahmanes, por boca de su jefe Yarcas, se llaman dioses en Filóstrato *[De vita Apoll. l. 3. c. 6]*[183]. Empédocles cantaba alegremente en sus versos que era Dios *[Diog. Laert. in ejus vita.]*. Un Marico, bajo el emperador Vitelio, decía lo mismo en nuestra Galia. *[Ta. 2. hist.]*[184]. Otro se hacía proclamar así por las urracas y los loros. El filósofo Heraclides Póntico, para conseguirlo, corrompió a la Sibila e hizo que un supuesto dragón ocupara el lugar de su cadáver *[D. Laert. in Heracl.]*[185]. Alejandro,

---

[181] "Y nada es más asombroso que esto haya complacido a los dioses" (Plinio, *Historia natural*, 7.152). El pasaje de Plinio recuerda al famoso atleta Eutimo de Locri, quien sólo pudo ser vencido una vez en las competencias de pugilato en Olimpia y cuya deificación en vida fue ordenada por el oráculo de Delfos con el asentimiento de Zeus.

[182] La Mothe Le Vayer llama "Domiciano Nerón" al emperador Domiciano, hijo menor de Vespasiano y sucesor en el trono de su hermano Tito. Recordemos que Domiciano fue apodado por Juvenal "el Nerón calvo".

[183] Véase Filóstrato, *Vida de Apolonio de Tiana*, 3.18.

[184] La referencia a Marico, el supuesto dios liberador de la Galia vencido y ajusticiado por Vitelio se encontrará en Tácito, *Historias*, 2.61.

[185] Heraclides de Ponto, en Heraclea; fue discípulo, sucesivamente, de Espeusipo, los pitagóricos, Platón y Aristóteles. Murió alrededor del 330 a. C. La historia de su falso ascenso a los cielos proviene de Diógenes Laercio.

el falso profeta, practica lo mismo con una serpiente en Luciano[186]; Simón, apodado el Mago, obtuvo de los romanos, en tiempos del emperador Claudio, una estatua que se exhibía en el Tíber con esta inscripción: *Simoni Deo Sancto* [*Just. Mar. 2. Apol.*] [187], y Marco Polo [*lib. 2, c. 4*] nos dice que en la provincia de Çardandán cada uno adora al más viejo de la casa, encontrando por ese medio su Dios y su templo bajo el techo doméstico[188]. Todas estas apoteosis han dado lugar a una opinión tan contraria a la eternidad divina que hasta se llegó a decir que los hombres eran más viejos que los dioses, puesto que éstos recibían su ser de los primeros y nosotros no adorábamos divinidades que no hubiésemos hecho.

Unos no pueden aceptar que la religión tenga por objeto más de un Dios, diciendo con Aristóteles en el último libro de su Metafísica, *nolle entia male gubernari*[189], o siguiendo los términos de las escuelas, *non sunt multiplicanda sine necessitate*; por esta razón Quirón aconsejaba a Aquiles adorar a un

---

[186] Alejandro de Paflagonia, falso adivino del siglo II d. C. cuya vida escribió Luciano de Samosata. El exitoso truco del capullo, lugar del "renacimiento" del dios Asclepio bajo la forma de una serpiente, se puede leer en el capítulo 14 de su biografía.

[187] Esta leyenda aparece en el Cap. 26 de la *Primera apología* de Justino (Véase asimismo Eusebio, *Historia Eclesiástica*, 2.13.14). Al parecer, la inscripción rezaba *"Semoni Sancto Deo Fidio Sacrum Sex.Pompeius [...] Donum Dedit"* y estaba dedicada al dios sabino Semo Sancus, no a Simón Mago.

[188] En la edición de los *Viajes* al cuidado de Juan Barja de Quiroga, ya citada, la referencia se encuentra en el libro II, Cap. cxxiii, p. 283.

[189] "Las cosas que son no quieren ser mal gobernadas" Aristóteles, *Metafísica*, 1076 a 3-4.

solo Saturno, y también el verso de Homero referido al gobierno político viene aquí naturalmente a la memoria:

Οὐκ ἀγαθὸν πολυκοιρανίη· εἷς κοίρανος ἔστω, εἷς βασιλεὺς
Non est bonum à multis dominari, unus dominus esto, unus rex [Il.][190].

Otros se han imaginado, con Tales, que el universo estaba lleno de una infinidad de dioses [Arist. 1. de Aen. c. 8][191]. Y, a decir verdad, si todo lo que ha sido objeto de adoración mereciera el nombre de la Divinidad, bien podríamos, me parece, sostener esa máxima con plena seguridad y decir con el poeta:

Juppiter est quodcumque vides, quodcumque moveris[192].

Por mi parte, pienso, al igual que el sabio Charron[193], que nada hay en la naturaleza que no haya sido deificado por alguien en algún momento, habiéndose extendido esta apoteosis desde las cosas más grandes y considerables hasta las más

---

[190] "Repartir la autoridad no es bueno; que no haya más que un solo jefe, que un solo rey" (Ilíada, 2.204).
[191] Debe referirse al pasaje de Aristóteles, De Anima, 1 411a 7-8: "Ciertos filósofos dicen que el alma está mezclada en todo el universo, y es quizá por esta razón que Tales decía que todo está lleno de dioses".
[192] "Dios es todo lo que ves, todo lugar en que te mueves" (Lucano, Farsalia, 9.580).
[193] Charron, De la sabiduría, 2.5 (p. 292 de la edición citada).

pequeñas y endebles (lo prueba el jarrón en el cual Amasis había lavado sus pies)[194], y desde la convexidad del cielo donde los peripatéticos colocan su primer motor hasta el centro del universo. Hasta la misma nada fue tenida por una divinidad; así lo hizo el filósofo más importante del Oriente, llamado Xaca, quien concibió a Dios como una nada de la cual procedía este mundo, al que consideraba otra nada, y todas las demás nadas [*Relat. del padre Borri de la Cochinchina*][195]. También la naturaleza en su conjunto ha sido estimada por muchos como el verdadero Dios; otros lo llamaron la forma de las formas. Hubo quienes lo tomaron por la materia prima. Pocas personas elevan la vista a los cielos sin veneración, por ello Empédocles los denominaba dioses; Aristóteles reemplaza a éstos por sus Inteligencias. Los pitagóricos hacían de todos los astros, por lo general, otros tantos dioses [*D. Laert. in Pith.*], e incluso hoy en día hay tártaros que adoran a la Luna tan devotamente como los antiguos a Diana; asimismo, Cambdenus[196] dice que los irlandeses

---

[194] Véase Heródoto, 2.172.
[195] Xaca es el nombre con el que se conoce a Buda en Japón y en el Tíbet. Sobre el relato del padre Borri, véase *supra*, nota 121.
[196] William Camden (1551-1623). Anticuario e historiador inglés. Su obra más famosa, *Britannia*, fue publicada en 1587. En ella hemos encontrado un pasaje (párrafo 22 del capítulo titulado "*Britannorum mores*") donde se menciona cierto culto por la Medialuna y sus propiedades curativas; el mismo está tomado de Plinio, pero atribuye esa costumbre a los pueblos celtas, no a los irlandeses. De todas maneras, recordemos que Camden compuso asimismo los *Annales rerum anglicarum et annum*, publicados después de su muerte.

salvajes se arrodillan delante de la Medialuna pidiéndole que los deje tan sanos como los encontró, y Juan León [*lib. 1*] dice que los africanos de Libia y Numidia ofrecen sacrificios a los planetas. Pero el sol ha sido entre los astros la divinidad más sensible y más poderosa, encontrando adoradores en todo lugar donde comunique su luz resplandeciente. Los pitagóricos no se atrevían a orinar delante de él, y los esenios a descargar el vientre; los habitantes de las islas Afortunadas, adonde fue Jambulo [*Dio. Sic. lib. 3*], se consagraban, ellos y sus islas, a su Omnipotencia; los masagetos[197] lo creían el único dios digno de respeto y, a causa de su celeridad, le inmolaban un caballo como el más veloz de los animales [*Herod. l. 1*]. Los persas hacían por él, bajo el nombre de Mitras, el juramento más solemne; los chinos tienen en la actualidad un templo dedicado a los átomos del sol y llaman al Paraíso el Palacio del Sol [*Herrera*][198]. Todos los gentiles de la costa de Malabares lo adoran de manera similar [*Pyrrard*][199]. Y en las Indias Occidentales los de Perú reconocen

---

[197] Se conoce con este nombre a un pueblo iraní de la antigüedad que habitaba en los alrededores del mar de Aral, es decir, en el área correspondiente al actual Uzbekistán. Según Heródoto, Ciro de Persia perdió la vida combatiendo con ellos en el 528 a. C. Amiano Marcelino entendió que de este pueblo descendían los alanos.

[198] Francisco de Herrera Maldonado, *Epítome historial del reino de la China*, Madrid, 1621.

[199] François Pyrard de Laval (1570-1621), comerciante y viajero francés que en 1611 publicó por primera vez su *Voyage de François Pyrard de Laval contenant sa navigation aux* Indes Orientales, Maldives, *Moluques, et au* Brésil: *et les divers accidens qui lui sont arrivéz en ce voyage pendant son séjour de dix ans dans ces pays.*

su divinidad arrojándole al aire las primicias de sus bienes. Incluso no sé si no hay entre nosotros quienes se refieren a este bello Apolo cuando dicen: *Soli Deo honor et gloria*, como ocurrió en Roma con un joven de la villa de Urbino en tiempos de Pío II (algo no ignorado por el mismo papa, además), que en el momento de su muerte sólo se arrepintió de haber dirigido sus votos a Jesucristo y no reconocía otra divinidad que el sol. Y es cosa cierta que un portugués, habiéndole agradado al rey Enrique III, le pide en Lyon una gracia real sin especificarle nada más, gracia que resultó ser la de no poder ser obligado en sus estados a reconocer otra deidad que el sol. Finalmente, Boecio creyó que la manera más digna de hablar de Dios era llamándolo un verdadero sol,

> *Quem quia respicit omnia solus*
> *Verum possis dicere Solem.* [*lib. 5 de Consol.*][200]

Y Macrobio, en los últimos capítulos de su primer libro de las Saturnales, muestra por medio de una larga enumeración que todos los dioses de los antiguos se relacionaban con el sol, al cual adoraban bajo esa gran retahíla de nombres diferentes[201]; de esto también da prueba el emperador Juliano en aquel himno u oración que compuso en elogio

---

[200] "A éste podrías llamarlo el verdadero sol puesto que sólo él ve todas las cosas" (Boecio, *Consolatio Philosophia*, 5.4.13-14).
[201] Véase, Macrobio, *Saturnalia*, 1.17-18.

del sol. Por otra parte, la armonía de todos los astros o de sus cielos, y su numerosa cadencia, tal como lo concebían los pitagóricos, les hace decir en Luciano que Dios no es otra cosa que un número y una armonía [*in vitarum auct.*].[202]

Después de las cosas de lo alto se descendió a los elementos, los cuales fueron deificados por Empédocles en el número de cuatro. Platón estimó en Diógenes, sin embargo, que los dioses eran ígneos en su mayor parte; algo que se podría relacionar con la veneración por el fuego inextinguible de las antiguas Vestales. Mercator[203] según Gaugnin en su Sarmacia[204], asegura que hay todavía en Prusia y en Lituania lugares donde se lo cuida y adora tan religiosamente como en aquellos tiempos, y que le parecía estar entre los persas. Juan León atestigua lo mismo acerca de los negros de Gualata en el proemio de su séptimo libro del África. Respecto del aire, sin considerar por el

---

[202] Véase Luciano de Samosata, *Subasta de filósofos*, 4.
[203] Gerhard Kremer, o *Mercator* (1512-1594). Geógrafo, matemático y cartógrafo flamenco. En 1538 publicó su primer mapamundi sobre la base del de Ptolomeo. En 1594, póstumamente, apareció su obra más importante: *Atlas Sive Cosmographicae Meditiones de Fabrica Mundi et Fabricati Figura*. Se lo considera el padre de la cartografía moderna.
[204] Alexandre Guagnin o Guagnini (1538-1614). Militar e historiador italiano naturalizado polaco. En 1578 publicó en Cracovia el escrito citado: *Sarmatiae Europae descriptio*; algunos sostienen que el mismo era obra de un subordinado suyo en el ejército polaco, de nombre Maciej Stryjkowski, y que Guagnini le robó el manuscrito, haciéndolo aparecer bajo su nombre. También publicó *De rerum polonicarum tomi tres*, Frankfurt, 1584.

momento las divinidades platónicas que contenía, fue honrado bajo el nombre de Juno, la más grande de las diosas, y de su mensajera Iris. El agua lo fue bajo los de Neptuno y Tétis, y bajo los de sus Tritones, Nereidas y Náyades, de manera que no ha habido arroyo, por pequeño que fuera, sin su genio particular. También los persas, según Heródoto [*lib. 1*], adoraban los ríos con una devoción tan respetuosa que no se hubieran atrevido a mancillar sus aguas ni siquiera lavándose las manos. Y los sirios iban a buscar los peces hasta el medio de las aguas para hacerlos sus dioses, testimonio de ello es la gran veneración que tenían por aquella célebre Derceto [*Diod. Sic. lib. 2*] [205]. Los gentiles abisinios llamados Agai, por su parte, tienen incluso hoy en día al Nilo como ídolo principal. Y se ha encontrado a los americanos septentrionales de Cevola[206] adorando el agua a la moda de sus ancestros, según decían, por ser ella quien

---

[205] Según Diodoro Sículo (*Historia universal*, 2.5), Venus, ofendida por Derceto, le inspira un amor violento hacia un joven sacerdote con el cual concibe una hija. Derceto, avergonzada después por su conducta, hizo desaparecer a su amante y abandonó su hija en el desierto antes de arrojarse a las aguas del lago Ascalón y transformarse en pez. La hija, criada por las palomas, se convirtió en Semíramis, reina de Babilonia. Suele suponerse que en este episodio encuentra su origen el signo Piscis.

[206] La leyenda del Reino de Cibola (o Cevola) nace de un relato de Fray Marcos de Niza, quien viajó alrededor de 1539 por el sudoeste de los Estados Unidos y reportó al virrey Antonio de Mendoza haber visto siete ciudades doradas, la menor de las cuales era mayor a Tenochtitlan. Aquel relato alentó una expedición de Francisco Vázquez de Coronado. Volvieron sin oro y con un fraile desprestigiado.

les daba el maíz y todos sus alimentos. Respecto del último elemento, la tierra, ciertos moros de Guinea tienen tanto respeto por ella, dice el geógrafo Mercator [*in tab. Guinae.*], que estiman como un gran pecado escupirle encima; por lo demás, no sorprende que haya habido tantos templos de Vesta, de Tellus y de Ceres en la antigüedad, puesto que todo lo que la tierra produce y alimenta, todo lo que contiene, por vil que sea, ha sido canonizado alguna vez. Ciertamente, no sólo los más nobles y útiles entre los animales fueron adorados como tales por los egipcios y otros pueblos que se beneficiaban de ellos; así, por ejemplo, en cuanto a los primeros, la cigüeña era venerada por los tesalianos y otras naciones infestadas de animales venenosos; el ibis, por los egipcios [*Plin. l. 10. c. 27*][207]; los pájaros seleúcidas, por los habitantes del monte Casino; las palomas, por los asirios, principalmente después de Semíramis [*Hero. l. 2*][208], y después de Mahoma por todos los musulmanes; también la vaca ha sido objeto de devoción pública, lo es todavía hoy en el imperio del Gran Mogol, donde recibe más genuflexiones y culto que la fabulosa Io de los griegos, tiene el pesebre guarnecido de diamantes y el establo abovedado con las piedras más bellas de Oriente. Y Vasco de Gama dice que el buey y la vaca son considerados divi-

---

[207] Véase *Historia natural*, 10.75.
[208] Ver 2.55.

nos también en Calcuta. Los samogitianos[209], tal como nos lo enseñan los navegantes ingleses, tienen una vaca de oro que representa para ellos lo que el becerro de oro para los idólatras israelitas. Los tártaros que Josafat Barbaro [*c. 14*][210] llamó Moxii adoraban igualmente un caballo lleno de paja y, por este motivo, elevado muy alto. Los gentiles de Bengala y varios otros indios hacen Dios a un elefante blanco. Y el ya mencionado Barbaro habla de ciertos tártaros que confieren este honor al primer animal que hayan encontrado en el día. En cuanto a los otros animales, ninguno ha sido más maldecido por nosotros y más abominado, al parecer, que la serpiente. La de Esculapio, sin embargo, fue elevada al cielo por los antiguos, y el falso profeta y pseudomante Alejandro quiso ser deificado recurriendo a una de ellas en Luciano[211]. En Calcuta, al decir de Luigi Barthema[212], quien las mata es condenado a muerte y se considera que el encuentro con una serpiente es el mejor au-

---

[209] Pueblos que habitaban en los territorios occidentales de la Lituania moderna.
[210] Josafat Barbaro. Viajero, comerciante y embajador veneciano muerto en 1494. Veinte años antes había hecho conocer a Europa la ciudad de Persépolis. En 1543 aparecieron sus *Viaggi fatti da Venetia alla Tana, in Persia, in India et in Constantinopoli*.
[211] Véase *supra*, n. 186.
[212] Luigi Barthema o Ludovicus Vartomannus. Viajero italiano nacido en 1480. Recorrió Etiopía, Egipto, Arabia, Siria e India. Su relato fue publicado en Milán en 1508 bajo el título de *Ludovicus Vartomani Novum Itinerarium Aethiopiae, Aegypti utriusque Arabiae, Persiae, Siriae et Indiae intra et extra Gangem* Ramusio lo publicó en italiano en 1517.

gurio que alguien pudiera recibir. Por su parte, Segismundo de Herberstein, en su Moscovia[213], nos asegura que los samogitianos idolatran de tal manera la serpiente que atribuyen todas las desgracias que les pudieran suceder al hecho de no haberlas tratado y alimentado bien. Al respecto, recuerdo que la tentación de la serpiente fue alegorizada de tal suerte por Orígenes que la tomó por el miembro de nuestro primer padre; sin entrar en el resto de la explicación, os haré recordar solamente aquí de la graciosa divinidad del dios Príapo y de la bella figura bajo la cual no dejó de merecer los altares.

En cuanto a las cosas inanimadas, César y Plinio nos describen con qué devoción nuestros antiguos druidas iban a recoger el muérdago de los robles, de donde viene nuestro *"enguilanneuf"*[214]; *Tanta gentium in rebus frivolis plerumque religio est*, dice el

---

[213] Sigismond de Herberstein. Historiador alemán que viajó dos veces por Polonia y Rusia (en 1516-1518 y en 1526-1527) al servicio de los Habsburgos. En 1549 se publicó su *Rerum moscoviticarum. Commentarii*, cuyas observaciones sobre la geografía, la historia y la religión de Rusia modificaron sustancialmente la perspectiva de Europa occidental sobre aquella región. Esa obra contiene además el primer mapa conocido de Moscú.

[214] *Au gui l'an neuf*, "al muérdago en año nuevo", saludo festivo que era utilizado con frecuencia por los limosneros para pedir en la calle o en las puertas de las casas. Su origen podría estar, efectivamente, en la antigua costumbre gala de repartir ramas de muérdago cortadas por los druidas en el primer día del año; hay quienes sostienen, sin embargo, que la expresión proviene del galo "*O Ghel An Heu*", utilizada también por los druidas y cuyo significado sería "que el trigo germine"

último [*l. 16. c. ult.*][215]. Y todos sabemos lo que la teología de aquellos tiempos enseñaba respecto de las ninfas, dríades y hamadríades[216]. Pero los egipcios rebajaron aún más su devoción, no habiendo en sus huertos puerro o cebolla, por vil que fuera, que no respetasen como la cabeza de Júpiter.

O sanctas gentes quibus haec nascuntur in hortis
Numina [*Ju. Sat. 15.*][217],

escribe Juvenal. Guagnin, en su Sarmacia, dice que los lituanos todavía adoran a los árboles más grandes del bosque, y Ramusio[218] relata lo mismo de ciertos tártaros asiáticos. Qué diremos, por otra parte, de los infinitos indios orientales que según nos cuentan Pigafetta y otros, deifican para el resto del día la primera cosa que encuentran por la mañana en su camino, por enclenque e inanimada que sea[219]. Marco Polo, Luigi Barthema y va-

---

[215] Plinio, *Historia natural*, 16.25.
[216] Según Servio, el comentarista latino de Virgilio, las dríades son las ninfas que habitan en los bosques, mientras que las hamadríades nacen y mueren con los árboles.
[217] "Oh, santos pueblos para quienes estos dioses nacen en los huertos" (Juvenal, *Sátiras*, 15.10-11).
[218] Giovanni Batista Ramusio (1485-1557). Humanista, geógrafo y diplomático veneciano, alumno de Pomponazzi y colaborador de Aldo Manuzio. En 1550 comenzó a publicar una colección de escritos con el título *Navigazioni e Viaggi* que incluía, además de algunos relatos del propio Ramusio, el de León el Africano, el de Marco Polo, el de Odoardo Barbosa, el de Luigi Barthema, el de Pigafetta, el de Oviedo, etc.
[219] Antonio Pigafetta (c. 1491-c. 1534). Marino y cronista italiano conocido también como Antonio Lombardo. Fue uno de los 18

rios autores lo aseguran particularmente de los pueblos de la gran Java y de los negros de las costas de Guinea y de Benin. El mismo Pigafetta refiere que el rey de Bellegat tenía por Dios a un diente de mona. Y todos los historiadores convienen que los habitantes de Ceilán veneraban uno de mono, tanto que quisieron comprarlo nuevamente a los portugueses por un precio muy alto, se habla de hasta cien mil escudos; se ahorraron ese dinero, sin embargo, puesto que uno de sus sacerdotes puso sutilmente en su lugar otro que dijo habérsele aparecido milagrosamente, cosa que se hace con frecuencia en casos similares por otra parte[220]. Pero, cómo podríamos asombrarnos de todas estas extravagancias religiosas cuando aquel boloñés, o más bien veneciano, Barthema, nos asegura que ciertos chinos profesan adoración por el mismo diablo bajo una extraña figura, afirmando que, fuera de la creación, Dios no quiere intervenir en

---

sobrevivientes del primer viaje alrededor del mundo que inició Fernando de Magallanes. De esta travesía dejó un testimonio, a modo de diario, que se publicó en Venecia en 1536 bajo el título *Relazione del primo viaggio intorno al mondo*. En cuanto a la referencia de La Mothe Le Vayer, se encuentra en el capítulo VII del relato y es atribuida por Pigafetta a los gentiles de una isla llamada Giailolo (actualmente Halmahera, la mayor de las Islas Molucas).

[220] El *Dalada* o "Diente Sagrado", que, de acuerdo a la leyenda, había sido rescatado de la pira funeraria del Gautama Buda. Los portugueses que invadieron Sri Lanka afirmaron que se trataba de un diente de mono. En cuanto al diente falso, no se sabe finalmente quién se quedó con él, si los budistas o si Constantino de Braganza, que creyendo poseer la reliquia se negó a vender un diente de mono por cien mil ducados.

el mundo y lo ha dejado al mando de este mal demonio, al cual, por ello, creen que debemos dirigirle nuestros votos y plegarias, a la manera de las brujas de aquí cerca, que según dicen sufren hasta el martirio en sus aquelarres. En fin, si quisiéramos escudriñar más en detalle las prodigiosas fantasías de ciertos pueblos del Nuevo Mundo acerca del reconocimiento de la Divinidad, tendríamos todavía tanto más motivo, sin duda, para sentir una extrema compasión por nuestra pobre humanidad.

O proceres, censore opus est, an haruspice nobis? [Ju. Sat. 2][221]

De todas maneras, aunque sea por este poco que mi memoria os ha podido proporcionar acerca de mis observaciones sobre los diversos pensamientos de los hombres, tanto antiguos como modernos, respecto de la naturaleza y esencia de los dioses, con los diferentes honores que les han sido rendidos, podrás percibir bastante fácilmente, Orontes, que quien quiera examinar la Divinidad al alcance de su inteligencia y elegir la verdadera religión por medio del razonamiento humano, no se encontrará menos impedido, al fin, que Luciano respecto de la verdadera filosofía, a la cual va buscando por todas partes *in reviviscentibus* sin poder

---

[221] "Supremos magistrados, ¿es al censor o al harúspice que hay que pedir ayuda?" (Juvenal, *Sátiras* 2.121).

encontrarla. Esto parece oponerse, es cierto, a lo que se dice de Volodimero, también llamado Basilio, emperador de Moscovia, quien, habiendo enviado sus embajadores por el mundo para tomar conocimiento y traerle información de las diferentes religiones, se hizo finalmente cristiano. Sin embargo, respecto de este caso, yo estimo que, o fue por un golpe del cielo, o utilizó ese especioso pretexto para ejecutar lo que ya había resuelto por sí mismo. Considero, efectivamente, que no es la abundancia de conocimiento sino la de la gracia divina la que nos puede hacer clarividentes aquí: muy bien se ha dicho que toda la ciencia, al igual que toda la sabiduría humana, no es más que locura en presencia de Dios. Por eso vemos que Platón no recurría jamás a la fuerza y capacidad de su inteligencia al tratar de las cosas puramente divinas, conformándose en todos sus escritos con apoyarse en el vigor de las leyes, en el respeto de los oráculos y en el vigor de las tradiciones paternas; lo mismo hizo aquel emperador filósofo Juliano, quien ordenó en su quinta oración que la Academia y el Liceo sometieran todos sus axiomas a los oráculos de los dioses. Y también vemos que entre los símbolos pitagóricos hay uno que prohibe poner en duda lo que se dice de las maravillas de los dioses y de los oráculos [*Jambl. l. 2. c. ult.*]. En consecuencia, puesto que entre todos los tipos de filosofía sólo el de los escépticos nos instruye acerca de la vanidad de las ciencias y nos enseña a despreciarlas con razón, se sigue que, en conformidad con lo que hemos establecido desde el comienzo, debe ser considerada como la más apropiada para nuestra verdadera religión, la más respetuosa con la Divinidad y la intérprete más fiel de nuestro cristianismo.

ORONTES.- He oído todo vuestro discurso, querido Orasius, con la misma atención y el mismo respeto con que los antiguos oían lo que se pronunciaba desde lo alto del trípode délfico; tanto la materia como vuestra sorprendente exposición parecían muy bien merecerlo. Ciertamente, vuestra narración se me ha presentado como un verdadero entusiasmo, y creo que sin una inspiración divina no podrías haber tratado tal como lo has hecho esta cuestión de la Divinidad. Por lo demás, si tu propósito era, instruyéndome acerca de los diferentes y extravagantes pensamientos de los pobres humanos sobre el tema divino, hacerme ver la debilidad de nuestro raciocinio cuando intenta ir tanto más allá de sus fuerzas y persuadirme por el mismo medio de la necesidad de someter nuestro intelecto a la obediencia de la fe, ten por seguro que has obtenido de mí más de lo que esperabas y que nadie suscribiría con más ganas que yo este bello parecer de Tácito: *Sanctius ac reverentius videri de actis Deorum credere, quam scire* [*De mo-*

Germ.]²²². Jenofonte estaba de acuerdo en esto, pues comparaba los que ofendían a los dioses por su excesiva curiosidad en la investigación de la naturaleza y en todo lo que les concierne con los criados que molestaban gustosamente a sus amos preguntándoles demasiado sobre sus asuntos; para él era más razonable, tanto en uno como en otro caso, no pretender nada más allá de la gloria del servicio. Y ciertamente, si Platón [*in Tim.*] tuvo la elegancia de burlarse de aquellos que pensaban alcanzar algún conocimiento cierto de las cosas del cielo, condenándolos por demasiado atrevidos, curiosos y temerarios a entrar después de esta vida en cuerpos de volátiles, ¿qué diremos de los que se atreven a penetrar en los cielos y dar cuenta incluso de lo que hay más allá? Al respecto, es preciso que te comunique lo que siempre he pensado de aquella gentil Psique a la que Apuleyo nos la representa como habiendo perdido la feliz condición en la que se encontraba por un exceso de curiosidad que la llevó a intentar conocer, contra la voluntad de su pequeño Dios, quién era éste y bajo qué forma la visitaba y trataba tan delicadamente²²³. Pues el solo nombre de la bella muchacha

---

[222] "Es más santo y más respetuoso creer en los actos de los dioses que conocerlos" (Tácito, *Germania*, 34).
[223] Apuleyo, *El asno de oro*, 5.22. Recordemos que quien visitaba por las noches a Psique en un castillo encantado y le prometía felicidad eterna bajo la única condición de que no intentara ver su rostro era el dios del amor, Eros.

muestra bien que se nos ha querido representar con ella el estado de nuestra alma. Es ésta la que se encuentra en un hermoso lugar y atrae hacia sí las gracias infusas del Cielo mientras conserve un humilde respeto por las cosas divinas; no obstante, si ella se concede la autorización de quererlas escudriñar más de cerca, de interponer su parecer y penetrar en los juicios y voluntades de Dios, conocer la razón de sus actos, discurrir acerca de su esencia y examinar las honras y cultos que debe esperar de nosotros, entonces ese mismo Dios que nos trataba tan graciosamente, ofendido ahora por nuestra audaz temeridad, levantará vuelo y huirá de nosotros, manteniéndose gustosamente, como la naturaleza según el dicho de Heráclito [*Them. or. ad. Val. Imp.*][224], oculto y alejado del alcance de nuestra inteligencia. De manera que tenía motivos san Agustín para guarnecer su Ciudad de Dios y defenderla contra la filosofía, y también los tenía el filósofo Éufrates cuando aconsejó al emperador Vespasiano, en Filóstrato, jamás creer en la filosofía cuando se mete en las cosas divinas puesto que sólo dice locuras y mentiras y ser amigo de ella como máximo hasta llegar a los altares [*l. 5 de vita Apoll. c. 14*].[225] Es esto lo que hizo imaginar a alguien que pretender encontrar la teolo-

---

[224] Temistio de Paflagonia, *Oratio ad Valentem Imperatorem*, o *ad Valentem, pro Libertate religionis*. Véase *supra*, nota 125.
[225] Véase Filóstrato, *Vida de Apolonio de Tiana*, 5.37.

gía en la filosofía era como buscar los vivos entre los muertos.

ORASIUS.- No ha habido impertinencia ni impiedad en mí, por tanto, al mantener que san Pablo nos había enseñado a creer y no a saber, y que por medio de pareceres verdaderamente aporéticos, de los cuales está llena toda su santa teología, nos dio lecciones tan expresas acerca de la vanidad o nulidad de todas las ciencias humanas como jamás las hubo por parte de nuestra escuela escéptica; sólo sé una cosa, decía ingenuamente, Jesucristo crucificado [*1. ad Cor. c. 2*]. Todos los conocimientos naturales, todas las demostraciones filosóficas, no representaban nada para él, puesto que su espíritu sólo asentía a las luces hiperfísicas del cristianismo y no se sometía más que a los preceptos de la fe. Así, también es digno de considerarse que, siendo el fin de nuestra *epojé* darnos una moderación razonable en todas las pasiones y una perfecta seguridad en relación con las opiniones, toda la doctrina cristiana no se dirige sino a esta misma $\mu\epsilon\tau\rho\iota o\pi\acute{\alpha}\theta\epsilon\iota\alpha$, por la que sometemos nuestras afecciones y plegamos nuestra voluntad a la del Todopoderoso, y a adquirir esa religiosa $\grave{\alpha}\tau\alpha\rho\alpha\xi\acute{\iota}\alpha$ que nos hace inflexibles e inquebrantables en las cosas de nuestra creencia, *justus ex fide vivit*. Profesemos audazmente, pues, la honorable ignorancia de nuestra bien amada filosofía escéptica; sólo ella puede prepararnos el camino para los conocimientos revelados de la Divinidad, conocimientos de los cuales nos alejan las demás sectas filosóficas, que nos abarrotan con sus dogmas y nos trastornan el espíritu con sus máximas científicas en vez de esclarecernos y purificarnos el entendimiento. De esta manera, pienso que aquello que san Cirilo [*l. 1. contra Jul.*][226] declaró sobre la filosofía en general se podría con razón restringir a la sola *epojé*; entonces podríamos decir osadamente, imitándolo, que ella ha sido dada a los hombres como un presente del Cielo para servirles de instrucción a la fe cristiana. Y dado que vuestra Psique me ha hecho ver que tienes tanta inclinación y gusto por las fábulas como yo, pues las haces ir a la par con las verdades más constantes y las más resueltas opiniones de los pobres mortales, te haré recordar lo que la mitología antigua nos ha contado de aquel miserable rey de Tebas, Penteo, el cual, queriendo ser espectador de los sacrificios de Baco y habiendo trepado para ello en lo más alto de un árbol, se vio sorprendido por tal turbación y vértigo que creía ver todo doble.

Et solem geminum, et duplices se ostendere Thebas
[*Virg. 4. Aen.*][227],

---

[226] El *Contra Juliano* es la respuesta de Cirilo de Alejandría (376-444) al *Contra galilaeos* del emperador y apóstata. Fue compuesto en la primera mitad del siglo V, es decir, más de sesenta años después del tratado de Juliano.

[227] "Vio aparecer soles gemelos y dos Tebas" (Virgilio, *Eneida*, 4.470).

sin poder evitar después que las Euménides lo despedazaran en castigo por su excesiva curiosidad. Me parece que la mejor explicación de este capricho poético nos la da la condición habitual de nuestro espíritu, que mientras se mantiene en sus límites naturales y que Dios le ha prescrito posee el mayor de todos los reinos, que es el dominio que tiene sobre sí mismo.

Mens regnum bona possidet[228]

dijo el poeta filósofo,

> *Rex est qui posuit metus*
> *Et diri mala pectoris* [*Sen. in Thyeste.*][229],

y lo que sigue, incomparable, sobre este tema. Pero desde el momento en que, traspasando esos límites establecidos, intenta conocer los misterios de la Divinidad y, levantándose como por encima de la naturaleza, quiere contemplar desde la cumbre de su filosofía y, si así se puede decir, desde las cimas del raciocinio, lo que Dios no ha querido que sea conocido más que por una gracia sobrenatural del Cielo, el tormento en su cabeza se hace inevitable (*Chi troppo s'assotiglia si*

---

[228] "El alma buena posee un reino" (Séneca, *Tiestes*, 380).
[229] "Rey es quien dejó a un lado el miedo y las maldades de su funesto corazón" (Séneca, *Tiestes*, 348).

scavezza)[230]: cae preso de su propia turbación, empieza a ver todo doble e incierto en un asunto que demanda completa firmeza y seguridad, y se encuentra finalmente agitado y desgarrado por sus propios conocimientos y por sus bellas ciencias humanas como por otras tantas Ménades y Bacantes que lo dividen y estropean sin remedio. Es entonces cuando el temerario Ícaro, por haber querido elevarse demasiado alto en el cielo, se precipita vergonzosa y calamitosamente en un mar de confusión y de error, este Océano inmenso de las ciencias.

ORONTES.- Por mi parte, gracias a Dios y a ti, me encuentro en una constitución tan diferente a la del pobre Penteo que, lejos de ver dos soles como él, ya ni siquiera veo el que nos iluminaba hace poco. Creo que apenas me queda la luz necesaria para volver a casa; me voy, pues, y te digo adiós.

> *De las cosas más seguras*
> *La más segura es dudar*[231].

---

[230] "*Forse ch'ogni uom che legge non s'intende; et la rete tal tende ch. non piglia; et chi troppo assotiglia si scavezza*" (Petrarca, *Canzoniere* 105.46-48).
[231] En español en el original.

DIÁLOGO A PROPÓSITO
DE LA VIDA PRIVADA
ENTRE FILOPONO Y HESIQUIO

Illi mors gravis incubat,
Qui notus nimis omnibus,
Ignotus moritur sibi.
Sen. In Thyest.[1]

FILOPONO.- ¿Es posible, Hesiquio, que ni el amor propio, ni la consideración de la utilidad, ni el respeto por el placer, cosas que se encuentran tan ventajosamente en los cargos y empleos diversos de la vida civil, te hagan desistir de esa ociosidad hogareña y abandonar un modo de vida tan retirado y particular que hasta se podría dudar de si es justo contarte entre los vivos? Tu casa es más bien una sepultura, y no paso por delante de ella sin que me den ganas de ponerle esta inscripción, *Aquí yace el pobre Hesiquio*, tal como decía Séneca [*ep. 56*] todas las veces que iba a Cumas, *Vacia hic situs est*, delante de la morada de un hombre que vivía más o menos como tú[2]. ¡Esto sí que es embriagarse con un licor que debería ser tomado con gran sobriedad! La filosofía resulta una miel muy dulce, pero es preciso probarla sólo con la punta de los dedos, de otra manera se te sube a la cabeza causando vértigos peligrosos. Catón tenía mucha

---

[1] "La muerte se extiende pesadamente sobre aquel que, demasiado conocido para todos, termina siendo un extraño para sí mismo" (Séneca, *Tiestes*, 401).

[2] "Aquí yace Vatia". El texto corresponde a la carta 55, cuyo título en la traducción española de Jaime Bofill y Ferro (Séneca, *Cartas morales a Lucilio*, Madrid, Iberia, 1964; Buenos Aires, Orbis, 1984, tomo I, p. 123) es "Sobre el verdadero reposo".

razón al decir a su hijo, hablando de los griegos que eran profesores de éste y por medio de ellos de los filósofos de su tiempo, *satis est ingenia Graecorum inspicere, non perdiscere*[3]; le profetizaba grandes desgracias en el caso de querer profundizar más en ellos, *quandocunque ista gens suas litteras dabit, omnia corrumpet; hoc puta vatem dixisse [Plin. l. 24 c.1]*[4]. Es por esto que los romanos quemaron los libros de Numa y después expulsaron en varias ocasiones a los filósofos de su ciudad, siguiendo con ello el ejemplo de las más sabias repúblicas de Grecia que tantas veces los habían perseguido. Bien se podría comparar esta bella filosofía, embaucadora del mundo, con la famosa Escila que nos describen los poetas [*Virg. 1 Aen.*],

> *Prima hominis facies, et pulchro pectore virgo*
> *Pube tenus, postrema immani corpore pistrix,*
> *Delphinum caudas utero commissa luporum.*[5]

Nada hay más encantador al principio, no son sino propósitos de humana felicidad y todos estos tratados parecen otros tantos caminos que condu-

---

[3] "Es suficiente examinar las agudezas de los griegos, no saberlas de memoria" (Plinio, *Historia natural*, 29.27).
[4] "Siempre que esta gente escribe algo, echa todo a perder; toma en cuenta que esto lo dijo un poeta" (*Idem*, 29.14).
[5] "Tiene la primera rostro de hombre y hasta medio cuerpo figura de hermosa virgen; el resto es de enorme pez, uniendo una doble cola de delfín a un vientre como el de los lobos" (Virgilio, *Eneida*, 3.426-428). Tomamos la traducción de Eugenio de Ochoa, Buenos Aires, Losada, 1980 (4ta. edición), p. 63.

cen a ellos. Pero una vez que te acercas demasiado, si quieres sondear sus misterios más secretos, caes en la vorágine y el precipicio, en medio de cuestiones absurdas y de máximas extravagantes que como bestias feroces te torturan el espíritu atacándolo por todos lados. No sin motivo, pues, Filóstrato [*De vita Apoll. l. 3. c. 6*] nos hace imaginar el alma de Palamedes, filósofo abstracto como tú puedes serlo, una vez que se transmitió a otro cuerpo, indignada y deseando un gran mal para la filosofía por no haberle servido de nada y porque a pesar de todas sus pergaminos, que él mismo había aumentado, no evitó que sucumbiera ante la buena conducta de Ulises, su enemigo, modelo de la prudencia humana en la vida activa[6]. En cuanto a mí, siempre he estimado y tomado por regla de los estudios el dicho de Neoptólemo [*Ennius apud A. Gell l. 5 c. 15*],

Philosophandum est paucis, nam omnino haud placet.[7]

Está bien filosofar, con tal de que sea a ciertas horas; está permitido pensar en profundidad las cosas, con tal de que sea sin extravagancia; no se prohibe la contemplación, siempre que dé lugar y deje tiempo para las buenas acciones. Pues en toda

---
[6] Véase *Vida de Apolonio de Tiana*, 3.22
[7] "Pocos deben filosofar, pues en absoluto es agradable para todos" (Aulo Gelio, *Noches áticas*, 5.15.9).

cosa, por excelente que sea, los extremos son viciosos, encontrándose la intemperancia en las mismas letras, y en la filosofía. ¿No te das cuenta de que en lugar de utilizar útil y oportunamente estas máximas eres su esclavo, de que en lugar de gobernarla según tu disfrute la filosofía te dirige tiránicamente a su modo, de que en lugar de poseerla como cosa tuya ella te posee y agita como si estuvieras bajo el poder de algún demonio malvado?

HESIQUIO.- No hace falta más que un buen exorcista para liberarnos de este espíritu inmundo. ¡Dioses santos, Filopono! Me das mucha lástima por un lado, y por el otro muchas ganas de reír. Siento compasión cuando te veo vomitando injurias, o más bien blasfemias, contra la cosa más venerable y más santa del mundo, puesto que son otros tantos escupitajos que envías contra el Cielo y que caen vergonzosamente sobre tu cara. Pero no me da menos placer considerar el amable juicio que haces sobre mí al considerarme filósofo y ver qué reputación concedes a los que pudieran merecer ese título, hoy en día demasiado cargado de envidia y calumnia para poder ser defendido. Te confesaré ingenuamente, no obstante, que es de ellos que he aprendido esta satisfacción respecto de ti y de los semejantes a ti, este menosprecio del cual ellos se enorgullecen y obtienen grandes beneficios, dado que a nada temen tanto como a vuestra aprobación y nunca están más seguros de haber fallado que cuando les sucede contar con vuestro agrado. ¿Qué crimen pude haber cometido, se preguntaba alguna vez Antístenes, para que estos hombres me estimen y aplaudan?[8] *Si vis beatus esse, cogita hoc primum contemnere et contemni, nondum es foelix, si te turba non deriserit* [*Mart. ep. 1 de morib.*][9]. Tal es la lección que repite Epicteto con frecuencia.

FILOPONO.- Jamás hubiese esperado de ti una réplica de este tipo, que sólo puede ser hecha respecto del populacho y no respecto de hombres de nuestra condición. En todo caso, recuerda que no hay peores enfermedades, sea del cuerpo, sea del espíritu, que aquellas en las que el mal no se siente.

HESIQUIO.- Por lo que veo, Filopono, crees que la magistratura te ha distinguido grandemente del común de los hombres; ignoras por tanto la escasa diferencia que hacen aquellos de quienes hablas entre vuestra púrpura y la estofa que abriga la más vil multitud de nuestros artesanos, *vulgus chlamydatos quam coronatos vocantes* [*Sen. de vita bea. c. 2*][10]. Debes saber que ni las más altas dig-

---

[8] Véase Diógenes Laercio, *Vida de Antístenes*, 4.
[9] "Si quieres ser dichoso, piensa esto primero: despreciar y ser despreciado. Aún no eres feliz si el vulgo no se burla de ti" (Pseudo Séneca, *De moribus*, 23-24).
[10] El texto de Séneca (*De la vida bienaventurada*, 2.2) reza "*vulgus autem tam chlamydatos quam coronatos voco*" ("y llamo vulgo tanto al que lleva capa como al que porta corona").

nidades de un Estado, ni los primeros cargos de un Louvre, ni los más importantes oficios de un palacio impiden que un hombre, tal como ellos lo consideran, pertenezca al común del pueblo; *togis isti non judiciis distant*[11], dicen, son espíritus débilmente vulgares a los que colocan también en la misma categoría. Pero para no ponerte de peor humor, y dado que por otra parte nuestra antigua relación no admite que nos tratemos de manera tan dura, deseo examinar contigo el curso de mi vida y considerar conjuntamente si mis formas de hacer son tan criminales como me lo has reprochado con vehemencia. Antes de ello, no obstante, diré acerca de la filosofía que todas las persecuciones y calumnias que ha sufrido sólo pueden provenir de la ignorancia o de la envidia. A no ser que tomes por filósofos a ciertos instruidos a medias o a ciertos pedantes contenciosos, que después de haber pasado su vida entera sobre los libros descubren que metieron las narices en todas las ciencias sin llegar jamás, empero, hasta la filosofía verdadera y esencial. En eso se parecen a tu tan invocado Ulises, el cual, habiendo descendido a los infiernos [*D. Laert. in Aristi.*], tomó conocimiento de todos los habitantes de aquel país a excepción de la reina Proserpina, que era justamente lo más notable que podía ver[12]. Bien, consideremos ahora si estos tres

---

[11] "Por sus togas, ésos no difieren en los juicios".
[12] Diógenes Laercio, *Vida de Aristipo*, IV.

poderosos demonios de la vida humana, lo honesto, lo útil y lo deleitable, me abandonan de tal manera, o me son tan contrarios como has querido suponer desde el comienzo. ¿Qué dirás al respecto si te hago ver que recibo de ellos más gracias en un día que en toda su vida aquellos de vosotros que creéis estar en la posición más favorecida?

FILOPONO.- En cuanto al primer punto, el de la honestidad o el honor, *est enim honestas honoris status*, dice Isidoro [*10. Etym. c. 9*][13], *unde idem honestum quod honore dignum*, reconocerás que resulta el más importante de los bienes exteriores, a juicio mismo de Aristóteles [*Eth. ad Nico. l. 1 c. 5. et l. 4 c. 3*]; lo buscan cuidadosamente quienes poseen los demás bienes y hasta los Dioses parecen ambicionarlo. Ahora bien, si este honor no es más que un notorio respeto y un testimonio glorioso de estima y reverencia que manifestamos a las personas de gran mérito y elevada virtud, ¿cómo podría suceder que el menor rayo de tal gloria llegara hasta ti, que haces profesión de vivir en las tinieblas de tu casa? ¿Y cómo podrías recibir la recompensa por bellas y virtuosas acciones (*chi femina virtu fama racoglie*)[14] cuando renuncias a

---

[13] "En efecto, la honestidad es la condición del honor, por lo cual es lo mismo honesto que digno de honor". El texto de Isidoro de Sevilla es, en realidad, una pregunta ("*Nam quid est honestas nisi honor perpetuus, id est quasi honoris status?*") y se encuentra en el capítulo 8 (H) del libro X de *Etymologiarum sive Originum*.

[14] El proverbio italiano, atribuido a Leonardo Da Vinci, es "*qui semina virtù fama raccoglie*" ("quien siembra virtud cosecha fama").

todas las funciones de la vida civil para gozar de una perezosa quietud, o, para decirlo mejor, de una vergonzosa holgazanería? Puesto que cualquier estima y reputación procede de algún conocimiento, y este conocimiento no puede venir sino de nuestros propios movimientos y acciones cuando se ponen en evidencia; por la obra conocemos al obrero y *cada uno es hijo de sus obras*[15], o, como dice la escuela, *ut se habet unumquodque ad esse, ita et ad operandum*[16]. ¿Cómo, pues, aniquilando la causa podría seguirse el efecto? ¿Y por qué medio, viviendo en soledad y fuera del comercio con los demás hombres podrías obtener de ellos la recompensa de una virtud desconocida y un mérito que no aparece?

HESIQUIO.- Fácilmente me doy cuenta del error que te hace argumentar de esa manera; es que viéndonos ajenos al trabajo, el tráfago y la agitación, llevando una vida tan retirada y fuera del ruido como nos sea posible, concluyes que no actuamos y en consecuencia no tenemos virtud ni honor, puesto que la virtud consiste en la acción y el honor sólo debe ser el premio y la recompensa de la virtud. Debes saber, empero, que no hay acciones más grandes e importantes que aquellas de un alma

---

[15] Español en el original.
[16] Puede referirse a este pasaje de la *Suma de teología* (q. 3. a. 9 co): "*Unumquodque hoc modo se habet ad operandum vel agendum, quomodo se habet ad esse*", es decir, "cada cosa se comporta respecto del operar o actuar de la manera en que se comporta respecto del ser".

verdaderamente filosófica cuando está en las profundidades de la contemplación; *depone hoc apud te, nunquam plus agere sapientem, quam cum in conspectum ejus divina atque humana venerunt*, dice el Filósofo Romano [*Sen. ep. 69*][17]. Porque, tal como se ve en las artes mecánicas, no hay nadie que actúe más que los que tienen la conducción y el mando, aun cuando con frecuencia parezcan sin movimiento; lo mismo se puede decir de los filósofos, según Aristóteles, *quorum θεωρίας contemplationes, et διανοήσεις, ratiocinationes, actiones, et quidem longé caeteris perfectiores, vocat, 7 Polit. c. 3*[18]. De otra manera, dice, estaríamos obligados a pensar muy mal de Dios y del mundo, que no producen acciones fuera de sí mismos; *parum pulchre esset Deo et toti mundo, quibus non sunt externae actiones, neque ullae aliae, praeter quem eorum propriae*[19]. Ésta es la razón por la que aquel personaje de la Antigüedad decía tan agradablemente y tan bien, *satius est otiosum esse, quam nihil agere* [*Attil. apud Plin. l. 1. ep. 6*][20]. Y, verdaderamente, si somos llamados

---

[17] "Ten por seguro que nunca actúa más el sabio que cuando llegan a sus ojos las cosas divinas y humanas" (*Cartas morales a Lucilio*, 68.2).

[8] "Cuyas *theorías*, contemplaciones, y *dianoéseis*, raciocinios, llama acciones en *Política*, VII, c. 3, y por lo demás ciertamente mucho más perfectas".

[9] "Poco perfectos serían Dios y todo el universo, quienes no tienen acciones exteriores, ni ninguna otra excepto las que le son propias" (Aristóteles, *Política*, 7.3).

[‡] "Es mejor estar ocioso que no hacer nada". La frase se encuentra en una carta de Plinio el Joven a Minicio Fundano (*C. Plinii Caecilii Secundi Epistularum Liber Primus*, 9.8).

humanos por esta parte superior que está en nosotros, y siendo el espíritu nuestra forma, es decir, la que nos da el ser, es preciso decir que sus funciones y operaciones serán las principales y más importantes de nosotros; deben ser seguidas, pues, por la gloria más sólida y el honor de mayor valor que se pueda encontrar aquí abajo.

FILOPONO.- Pero, dado que somos un compuesto de dos partes, y que es la unión del alma y del cuerpo lo que nos hace humanos, ¿por qué negaríamos las funciones de una de esas dos mitades? Está dicho en vuestras propias máximas, *unumquodque est propter suam operationem*.[21] Por esto, cuando haces a tu filósofo tan espiritual que actúa sólo por esta parte principal y superior no te das cuenta de que en lugar de un hombre fabricas un fantasma, y que para darle un ser más perfecto le quitas el real, o por lo menos el razonable, reemplazándolo por el quimérico. Después de todo, los más notables de vosotros (por ejemplo, la mayor parte de los estoicos), no se alejaron tanto de las ocupaciones de la vida política. Decían ellos que había tres géneros o formas de vivir, a una de ellas la llamaban especulativa, a la otra activa, y a la tercera, compuesta de las

---

[21] "Cada uno es por su operación". Acaso se refiera, otra vez, a la *Suma de teología* (I-II, q. 3 a. 2 co.), "*unaquaeque dicitur esse propter suam operationem*"; que remite a su vez a *De Caelo*, 2.3.

dos anteriores, racional; esta última era la más digna de ser preferida por los hombres inteligentes, dado que la Naturaleza parecía habernos hecho capaces de los dos ejercicios, y por tal motivo éramos denominados animales racionales, como muy bien lo ha señalado Diógenes Laercio en diversos pasajes de la vida de Zenón[22]. Epicteto [*Arrianus l. 4. c. 4*], uno de los corifeos de esa secta, se burla tanto de los que buscan cargos y empleos como de los que tienen aversión por ellos, al igual que tú; compara los primeros con los hidrópicos, a los que no se puede hartar con agua, y a los últimos con los que tienen rabia, que ni siquiera la pueden ver; concluye que, siendo cosas igualmente independientes de nosotros, no es racional vincular a ellas nuestras afecciones, ἔξω δ' ἐστὶν οὐ μόνον ἀρχή ἀλλὰ καὶ ἀναρχία, οὐ μόνον ἀσχολία, ἀλλὰ καὶ σχολή. *Extra te autem est non modo magistratus, sed etiam privatae vitae status, non modo negotium, verum etiam otium*[23]. Qué valor deberemos conceder pues a una bella tranquilidad que no solamente nos puede ser quitada por César cuando le plazca, sino también por un cuervo inoportuno, por un tambor, una fiebre y otros mil encuentros casuales de la vida. Algo muy lejano, dice él, de esa disposición para acomodarse a todo y po-

---

[22] Por ejemplo, en *Vida de Zenón*, 64.304.
[23] "No depende de ti el desempeñar cargos, pero tampoco el mantenerte en la vida privada; no depende de ti la ocupación, pero tampoco el ocio" (Epicteto, *Disertaciones por Arriano*, 4.4.23-24)

der decir en cualquier momento de buena gana aquellos versos que Cleantes hizo tan célebres,

γ'ῶ / "Αγου δὲ μ'ῶ ζεῦ, καὶ σύ γ'η πεπρωμέν',
quocunque voles Jupiter me ducito, tuque ô necessitas[24].

¿Y qué dirás de Pitágoras, el cual fue llamado de esa manera *quod veritatem perinde atque Pythius loqueretur*?[25] ¿Acaso no vemos en la carta que escribió a Anaxímenes cómo lo invita a dejar por un tiempo la contemplación de los astros y el resto de su filosofía para dedicarse a los asuntos públicos de su país, *nam neque ego semper*, dice, *meis vaco fabulis, verum et bellis interdum, quibus inter se Itali dissident*?[26] Sócrates, a quien tanto estimas, practicó lo mismo, y creo que sólo los más melancólicos, como aquel atrabiliario de Heráclito, un Misón, un Apemanto, un Timón y otros misántropos semejantes, habrían estado de acuerdo contigo.

HESIQUIO.- En primer lugar, te diré que, amando sobre todo la verdad como la comida más dulce de nuestra alma, la busco con ardor en cualquier parte

---

[24] "Adonde quieras, Júpiter, guíame, y tú, ¡oh necesidad!" (*Disertaciones por Arriano*, 2.23.42; 3.22.95, y 4.4.34).
[25] "Porque decía la verdad como el mismo [dios] Pitio" (Diógenes Laercio, *Vida de Pitágoras*, 19).
[26] "Pues ni yo mismo estoy siempre entregado a mis fantasías, también me ocupo de las guerras que dividen a los italianos entre sí" (*Vida de Pitágoras*, 26).

que se pueda encontrar, lo cual me impide vincularme particularmente a una herejía o secta filosófica,

Nullius addictus jurare in verba magistri.[27]

En todo caso, si hiciera falta dar el voto y el sufragio a favor de alguna, estimaría sobre todas aquella a la cual Potamón de Alejandría da el nombre de ἐκλεκτική, o electiva, puesto que elige lo que le place en todas las otras componiendo aparte su sistema, como una agradable miel del jugo de flores diversas [*D. Laert. in proem.*].[28] Pero, para corresponder a la autoridad de esos grandes personajes que pones de tu lado, (y de los cuales, reconozco, no es posible hablar con veneración excesiva puesto que parecen haber sido enviados del Cielo para la educación del género humano), es preciso creer que exhortaron con mucha razón a los hombres de su tiempo para que realizaran acciones virtuosas, acciones que son practicables en la sociedad humana, y que, no conformándose con la sola palabra y con preceptos, quisieron darles ejemplos por medio de su propio comportamiento. Asimismo, yo jamás he pretendido que la vida activa no tuviera gran mérito ni debiera ser recomendada para el ejerci-

---

[27] "No juré fidelidad a la palabra de ningún maestro" (Horacio, *Epístolas*, 1.1.14).
[28] Véase el proemio a *Vidas, opiniones y sentencias de los filósofos más ilustres*, 15.

cio de varias virtudes. No obstante, puesto que las virtudes son diferentes y hay algunas más eminentes que otras, naturales y adquiridas, morales e intelectuales [*Arist. 2. Eth. Eud. c. 1. y 4.*], me parece que, teniendo en cuenta que las más heroicas y divinas acompañan la vida contemplativa y que este tipo de vida, como ya te he mostrado, produce las acciones más dignas e importantes, debería perdonárseme si en el apremio que me has puesto expreso mi preferencia por ella, no solamente frente a la vida activa del común de los hombres sino incluso frente a aquella que has llamado racional y que está compuesta de acción y contemplación. Es así cómo lo entendía Empédocles, en mi opinión, cuando despreciaba el gobierno de un Estado que se le había ofrecido para no interrumpir sus especulaciones filosóficas. Anaxágoras pensaba lo mismo cuando abandonó un muy vasto patrimonio para no quedar obligado a ocuparse de su conservación. El mismo parecer hizo que Demócrito se retirara a sus soledades y expulsó a Pirrón hacia los desiertos. En cuanto a Heráclito, quien renuncia a su cetro en favor de su hermano, lo has querido hacer pasar por un maníaco, y posiblemente colocarías en la misma categoría a todos los que pudiera alegar por mi parte si no fuera porque tienes más respeto por el Príncipe del Liceo, el cual después de todo, según creo, no ha sido hasta el momento tomado por un hipocondríaco. En tal caso, si las razones de éste tienen algún peso para ti y consideras que su autoridad merece cierto respeto, presta atención, te lo ruego, a la bella exhortación que hizo a la vida puramente contemplativa al final de sus Éticas a Nicómaco, capítulo séptimo, diciendo que su ventaja sobre los otros tipos de vida es igual a la que tienen las cosas simples sobre las compuestas, o las cosas divinas sobre las caducas y mortales, burlándose, por lo demás, de aquellos que quieren como tú una mezcla y aderezo de la acción y la meditación. Es preciso, dice, abandonar el cuerpo y todo lo que es corruptible en la medida que nos sea posible para vivir principalmente del espíritu. Es así cómo uno se aproxima a la divinidad y puede $\dot{\alpha}\theta\alpha\nu\alpha\tau\dot{\iota}\zeta\epsilon\iota\nu$, inmortalizarse a sí mismo. *Neque vero nos oportet humana sapere ac sentire, ut quidam monent, cum simus homines, neque mortalia, cum mortales, sed nos ipsos, quod fieri potest, à mortalitate vindicare, atque omnia facere, ut ei nostri parti, quae in nobis est optima, convenienter vivamus*[29]. El Filósofo Latino [*Sen. ep. 37*], aunque por otra parte estoico, no deja de darnos los mis-

---

[29] "Pero no hemos de seguir los consejos de algunos, que dicen que siendo hombres, debemos pensar sólo humanamente y, siendo mortales, ocuparnos sólo de las cosas humanas, sino que debemos, en la medida de lo posible, liberarnos de la mortalidad y esforzarnos por vivir de acuerdo a lo más excelente que hay en nosotros" (Aristóteles, *Ética a Nicómaco*, X 7, 1177b 30-35).

mos preceptos: *non cum vacaveris, philosophandum est; omnia alia negligenda ut huic assideamus, cui nullum tempus satis magnum est, etiamsi à pueritia usque ad longissimos humani aevi terminos vita protenditur; non multum refert utrum omittas philosophiam, an intermittas*[30]. Y en otra carta invita a su amigo a pensar sólo en el cultivo del espíritu si desea obtener algún fruto de allí [*id. ep. 64*]: *omnia impedimenta dimitte, et vaca bonae menti; nemo ad illam pervenit occupatus. Exercet philosophia regnum suum. Dat tempus, non accipit. Non est res subcisiva; ordinaria est, domina est, adest et jubet*[31]. A decir verdad, no hay que maravillarse si ella no ejerce su poderoso imperio sobre el común de los hombres que se consideran letrados, aquellos que toman ciertos ligeros discursos de la filosofía sólo como un pasatiempo y para que les sirva de diversión en las ocupaciones que los tienen sometidos el resto del día. Pero respecto de los que ingresan allí seriamente, una vez que han comprometido de verdad sus sentimien-

---

[30] "No has de filosofar cuando tengas tiempo [sino que has de tener tiempo para filosofar]; se ha de dejar de lado cualquier otra cosa para poder dedicarnos a ésa para la cual ningún tiempo es demasiado largo, aunque la vida se extiende desde la infancia hasta el final lejano de la existencia humana; no existe mucha diferencia entre abandonar la filosofía e interrumpirla" (*Cartas morales a Lucilio*, 72.3).

[31] "Abandona todos los impedimentos y conságrate a adquirir buen juicio; nadie lo consigue estando ocupado. La filosofía es soberana en su reino; da tiempo, no lo acepta. No es un entretenimiento sino una práctica constante; es señora, está presente y ordena" (*Cartas morales a Lucilio*, 53.9).

tos, ya no se puede pensar que puedan dividirse y darse a algo más, *non possunt Thersitem et Agamemnonem agere*.[32] Pues, tal como lo ha señalado muy bien el gracioso Luciano [*in Nig.*], las grandes inteligencias y las bellas almas, que tienen una mejor parte que las otras del robo de Prometeo, se apasionan con mucha más facilidad y son más violentamente transportadas que las comunes por el amor a las ciencias y a la filosofía; de la misma manera, los indios, en razón de su calor natural, se conmueven y marean por la fuerza del vino hasta llegar a un furor diferente por completo al de los otros hombres[33]. Es cierto que en la filosofía, como agrega muy bien, esa ebriedad y ese furor deben ser llamados sobriedad y temperancia, puesto que se trata de un néctar divino comunicado a los hombres por Tántalo, así lo interpreta Filóstrato [*de vita Apoll. l. 3. c. 7*][34], del cual los hombres jamás podrían beber demasiado. No digas ya, por tanto, que una vida puramente contemplativa puede ser censurada por sus excesos, y deja de poner en disputa la preferencia de gloria y de honor que tantos personajes destacados le han atribuido con tanta justicia. Puesto que

---

[32] "No pueden actuar como Tersites y Agamenón" (Cf. Epicteto, *Disertaciones por Arriano*, 4.2.10). Recordemos que, según el Canto II de la *Ilíada*, Tersites, "el hombre más feo que llegó a Troya, bizco y cojo de un pie", trató de convencer a los griegos para volver a su patria y abandonar a Agamenón en tierra enemiga.

[33] Véase Luciano, *Nigrino o el retrato de un verdadero filósofo*, 5-6.

[34] Véase Filóstrato, *Vida de Apolonio de Tiana*, 3.25.

si es por ella que los verdaderos filósofos son llamados *pares et socii Deorum, non supplices* [*Sen. ep. 31*][35], y si consideramos que los Dioses son merecedores de todo culto y veneración, no podemos ya negarle honor y respeto a quienes los tocan desde tan cerca. Por otra parte, Filopono, si es verdad que la utilidad está en cualquier lugar que la honestidad se encuentre, *quippe bonum ex honesto fluit*[36], corres el riesgo de no sacar más ventaja en este segundo artículo de nuestra conversación que la que has obtenido en el primero.

FILOPONO.- ¿Acaso piensas que alguien todavía podría discutir contigo después de tan bella apoteosis? Sólo los Dioses podrían estar a tu altura; para los humanos, resulta una impiedad contradecirte y una locura oponerte resistencia. Sin embargo, puesto que el mismo Júpiter no siempre ha menospreciado el entretenimiento y la conversación de los humanos, y puesto que por otra parte, como dice Fedro [*l. 3. fab. 56.*], *Nisi utile est quod facimus, stulta est gloria*[37], aprenderé de buena gana adónde están esos grandes bienes que resultan de

---

[35] "Compañeros y socios de los dioses, no suplicantes". En realidad, la carta 31 de Séneca dice: *"Hoc est summum bonum; quod si occupas, incipis deorum sociūs esse, non supplex"* ("He aquí [en la virtud perfecta] el bien supremo; si lo alcanzas comienzas a ser el compañero de los dioses, no el suplicante").

[36] "Puesto que el bien mana de lo honesto" (*Cartas morales a Lucilio*, 118.11).

[37] "A menos que sea útil lo que hagamos, vana es la gloria" (Fedro, 3.17.12)

tus continuas especulaciones y qué provecho obtienes de ellos; por mi parte, creo que ninguno de vosotros podríais haber evitado caer en lo profundo de la necesidad si las acciones y trabajos de vuestros predecesores no os hubiesen puesto a cubierto. Ahora bien, con el fin de que nos podamos entender, dado que distingues tres tipos de bienes, o de útiles, *bonum enim est utilitas, aut non aliud ab utilitate*, decían los estoicos [*Sex. Pyrrh. Hyp. l. 3. c. 20*][38], debes saber que yo no pretendo hablar aquí de los bienes del cuerpo, o del espíritu, bienes que en realidad no se ponen en cuestión, sino de aquellos llamados de fortuna, que nos hacen presentes y abastecen las necesidades de esta vida, *lo que se usa, no se excusa*[39], y sin los cuales no se puede ser más que miserable;

Turpis enim fama, et contemptus, et acris egestas,
Semota ab dulci vita stabilique videntur,
Et quasi jam lethi portas cunctarier ante [*Lucr. l. 3*][40].

---

[38] "Pues el bien es la utilidad, o bien algo no diferente de ella". La frase se encuentra en el capítulo 22 del tercer libro de los *Bosquejos pirrónicos*. Algo similar puede verse en *Sobre los deberes* de Cicerón (3.11): "*Cui quidem ita sunt Stoici assensi, ut et, quicquid honestum esset, id utile esse censerent, nec utile quicquam, quod non honestum*".

[39] Español en el original.

[40] El texto de Lucrecio (*De la naturaleza de las cosas*, 3.65-67) dice así: "*turpis enim ferme contemptus et acris egestas / semota ab dulci vita stabilique videtur / et quasi iam leti portas cunctarier ante*" ("[para los hombres], en efecto, el desprecio indecente y la aguda pobreza parecen alejados de una vida dulce y reposada y como si los dejaran a las puertas de la muerte").

Esto es lo que ha dado lugar al proverbio χρήματα ἀνήρ, *divitiae vir*, puesto que sin ellos el hombre carece de toda consideración en la vida civil; los tiempos ya no son, en efecto, aquellos en los que se estimaba a los hombres aun estando desnudos como Ulises, quien por lo que cuenta el buen Homero no dejó de ser respetado y honrado por los feacios en un estado semejante. Hoy en día, en cambio,

dat census honores,
Census amicitias, pauper ubique jacet [*Lucian in Cataplo.*][41];

tanto que hasta el pobre zapatero es abandonado con desprecio en la orilla por Caronte, como si la pobreza llevara su infamia hasta los infiernos, donde por el contrario el ramo de oro es omnipotente y venerado por todos. Lo cual me lleva a recordar la opinión de los chinos [*Herrera*][42], quienes tienen la pobreza de un hombre por marca infalible de sus pecados; también los bonzos o teólogos del Japón, sus vecinos, enseñan públicamente que ni los pobres ni las mujeres podrán salvarse jamás. Por este motivo, las riquezas son muy bien llamadas medios o facultades, dado que por medio de ellas

---

[41] "La riqueza asegura los honores y las amistades, el pobre es desdeñado en cualquier lugar". La frase pertenece a Ovidio (*Fastos*, 1.217).
[42] Debe tratarse de Francisco de Herrera Maldonado, quien publicó en Madrid en 1621 una obra titulada *Epítome historial del reino de la China.*

todo se hace, y finanzas, porque con ellas se da fin a cualquier clase de empresa; y los antiguos incluso le daban el nombre de fortuna [*chevance*], porque sin ellas nada se consigue ni se lleva a cabo [*mettre à chef*]. También forman parte del soberano bien, según dice Aristóteles; aunque Diógenes [*Lucianus dial. Dio. et Alex.*] le reproche al respecto que había dicho esto sólo para concederse la oportunidad y el atrevimiento de pedírselas y recibirlas de Alejandro[43]. Pues, por buena cara que pongan los más austeros de entre vosotros, *divitias et opes facilius invenies qui vituperet, quam fastidiat*[44]. Es en consideración de ellas que la corte de Dionisio estaba repleta de filósofos griegos, Platón entre otros, con toda su divinidad, después de haber menospreciado hasta tres veces los azares tan temibles del implacable Caribdis para ser partícipe de la liberalidad de aquel rey [*Philost. de vita Apo. l. 1. c. 22*][45]. Asimismo, sería una delicadeza excesiva de vuestra parte, por no decir una debilidad, no atreverse a tomarlas por miedo a que las riquezas os prendan, no atreverse a poseerlas por miedo a ser poseídos, no tenerlas en cuenta por miedo de

---

[43] En el diálogo entre Diógenes y Alejandro, quien dice esto de Aristóteles es el propio rey, no el filósofo. Véase Luciano, *Diálogos de muertos*, 13.5.

[44] "*Divitiae et opes, quas facilius invenies, qui vituperet, quam fastidiat*" ("encontrarás con mayor facilidad gente que censure las riquezas y la fortuna que alguien que las desdeñe"). La frase pertenece a Tácito, *Dialogus de oratoribus*, 8.1.

[45] Véase Filóstrato, *Vida de Apolonio de Tiana*, 1.34.

abusar de ellas: *infirmi animi est pati non posse divitias*[46]. La secta de Apolonio de Tiana fue reprimida desde su nacimiento por haber hecho profesión de esta pobreza enclenque y vergonzosa;

> *malesuada fames, et turpis egestas,*
> *Terribiles visu formae* [*Virg. 6. Aen*][47].

Ahora bien, no puedes negar que es la única acción que puede preservarnos, dado que los bienes y comodidades no se adquieren, y ni siquiera se conservan, sino por el trabajo; *chi ha arte ha parte, chi non corre non ha il palio*[48], el español dice, *manos duchas comen truchas*. El pescador de Esopo, no sacando pescado alguno al son de la flauta, se ve obligado a tirar sus redes y mallas en el agua. El cíclope χειρογάστηρ, *manuventer*, representado sobre el pórtico de la ciudad de Argos con las manos que parecían salir de su vientre [*Athenag. du vray amour, l. 10. et Strabo Geogr. l. 8*][49], nos enseña que no podemos conservar ni alimentar nuestro ser más que por el trabajo de nuestras manos. ¿Cómo podría suceder entonces que en medio de vuestras contemplaciones tan abstractas y de vuestras con-

---

[46] "No saber soportar las riquezas es propio del alma endeble" (*Cartas morales a Lucilio*, 5.6).
[47] "El hambre mala consejera y la pobreza torpe, figuras terribles a la vista" (*Eneida*, 6.276-277).
[48] "Quien tiene arte tiene parte, quien no corre no tiene el estandarte".
[49] Sobre la obra atribuida a Atenágoras, véase *supra*, nota 147.

versaciones olímpicas encontrarais, no digo ya bienes y riquezas, sino solamente la satisfacción de las comunes necesidades vitales? Puesto que, como muy bien han observado los astrólogos judiciarios, Júpiter distribuidor de medios está opuesto a Mercurio, de manera que quien tiene uno de ellos ascendente sobre la tierra al momento de su nacimiento, tiene el otro descendente [*Leone Hebreo. dial. 2*][50]; y Mercurio es quien domina el nacimiento de los eruditos y de los filósofos, dando siempre algún vistazo a ese holgazán y chiflado de Saturno, quien os hace tener tan buen humor y os imprime una constitución tan loable. No hay que asombrarse, pues, si los hombres de letras y de profunda especulación se ven comúnmente en la indigencia y la necesidad. Por mi parte, no sé qué opulencia me puedes mostrar que acompañe vuestras meditaciones hiperfísicas, si es que no quieres invocar la piedra filosofal o los tesoros ocultos que comparten contigo los demonios (porque recuerdo ahora que Sócrates tenía uno por habitual compañía).

HESIQUIO.- ¿Por qué nos remites a esos espíritus metálicos, a nosotros que tenemos los Dioses del cielo por amigos particulares y confidentes, amigos que nos pueden dar todo puesto que

---

[50] Los *Diálogos de Amor* de León Hebreo o Yehuda Abrabanel se publicaron en Roma en 1535. Sus protagonistas son Sofía (la Sabiduría) y Filón (el Amante).

Deorum sunt omnia[51] y no hay bien que no venga de ellos? Pues si es verdadero el proverbio de que todas las cosas son comunes entre amigos, κοινὰ τὰ φίλων[52], ¿no te das cuenta, Filopono, de la inmensa grandeza de nuestras riquezas y cuánto poseemos más allá de lo que te puedas imaginar?

FILOPONO.- Tienes razón al interpelar mi imaginación, dado que vuestras riquezas, al igual que las carnes en los banquetes de las brujas, son cosas fantásticas y que no todo el mundo percibe. Se dice, asimismo, que los filósofos tienen una imaginación más poderosa que el común de los hombres. Mas, ¿desde cuándo han contraído ellos esa estrecha amistad con los Dioses, una amistad que, a mi juicio, sólo puede subsistir en la igualdad y la semejanza?

HESIQUIO.- Desde el momento que han hecho más esfuerzo que nadie en conformarse a ellos, amar la verdad, querer tiernamente la inocencia y conservar pura esa parte del alma que los hace afines, puesto que estoy de acuerdo contigo: la amistad está en la igualdad, φιλότης ἰσότης [*6. Eth. ad Nic. c. 5*]. Pero no puede ser tu traje de púrpura lo que te hace semejante a ellos: los Dioses están desnudos; ni tu magistratura: *neque Deus negotium habet, neque aliis exhibet* [*Ex. Sen. ep. 31*];[53] ni tu gran

---

[51] "Todo es de los dioses".
[52] "Entre amigos, todo es común".

reputación y buena fama: nadie conoce a Dios y muchos hablan mal de él impunemente; ni tampoco esa manera de hacerte llevar en litera o arrastrar en carroza: Dios lleva todo, siendo el centro y el fundamento del universo; ni esa vida activa de la cual tanto te vales: Dios como primer motor es necesariamente inmóvil; ni incluso tu buena cara: Dios es invisible; ni tus fuerzas: ellas son perecederas y Dios es inmortal; ni tus suntuosos festines: los Dioses son átomos y no se alimentan; ni tu vivienda tapizada y tu mobiliario dorado: Dios no habita en ningún lugar particular y ocupa todo por igual,

Jupiter est quodcunque vides, quodcunque moveris[54],

ni, finalmente, tus tesoros y riquezas, de los que hablamos: los Dioses no tienen estima alguna por ellos, *cogita Deos, cum propitii essent fictiles fuisse*[55]. Pero si yo me he moldeado un espíritu que desprecia tales cosas, si tengo un alma asegurada contra todo lo que hace temblar al vulgo, si mi felicidad es independiente de todo lo que dependa de la fortuna, *ingens intervallum inter me et caeteros factum est, omnes mortales multo antecedo, non multum me Dii antecedunt*

---

[53] "Dios no hace nada ni da qué hacer a otros" En 31.10, Séneca escribe: *"Praetexta non faciet: deus nudus est"* ("La toga no te hará [un dios], dios está desnudo).

[54] "Júpiter es todo lo que ves, todo lugar en que te mueves" (Lucano, *Farsalia*, 9.580).

[55] "Recuerda que cuando los dioses nos fueron propicios eran de arcilla" (*Cartas morales a Lucilio*, 31.11).

[*Sen. ep. 54.*][56], heme aquí pues en afinidad con los Dioses: poseo su αὐτάρκεια y suficiencia plena de todo, no deseo nada, tengo todas las riquezas del cielo, *sapiens tam aequo animo omnia apud alios videt contemnitque, quam Jupiter*[57], ¡qué bella semejanza! ¡qué bella apoteosis! Me dirás que los Dioses, por lo aventajado y excelente de su naturaleza, no tienen necesidad de nada, mientras que la nuestra para mantener su ser requiere de la asistencia de muchas cosas externas que forman parte de los bienes y medios de los cuales hablamos o no pueden poseerse sin ellos. Y es aquí cuando te pregunto, Filopono, puesto que antes has reconocido que sólo el uso de las cosas necesarias para la vida nos debía recomendar las riquezas. Si tus magnas ocupaciones te hubieran permitido hacer las reflexiones convenientes sobre este tema para juzgar bien acerca de él no me habrías reprochado una pobreza preferible a toda clase de opulencia; *magnae divitiae sunt lege naturae composita paupertas. Lex autem illa naturae scis quos nobis terminos statuit? Non esurie, non sitire, non algere* [*Sen. ep. 4. et 47. et 120*][58]. Así lo entendía

---

[56] En *Cartas morales a Lucilio*, 53.10, Séneca dice "*ingens intervallum inter te et ceteros fiet; omnes mortales multo antecedes, non multo te dii antecedent*" ("mediará una gran distancia entre tú y los demás, aventajarás en mucho a todos los mortales y los mismos dioses no te sacarán gran ventaja").

[57] "El sabio, con ánimo tan apacible como Júpiter, ve las cosas que los demás poseen y las desprecia" (*Cartas morales a Lucilio*, 73.14).

[58] "Gran tesoro es la pobreza reconciliada con la ley natural. ¿Y sabes qué nos establece esta ley natural? No padecer hambre, no padecer sed, no padecer frío" (*Cartas morales a Lucilio*, 4.10).

esta alma generosa, quien sentenció con tanta audacia, *habeamus aquam, habeamus polentam. Jovi ipsi de felicitate controversiam faciamus* [*Sen. ep. 111*][59]. Y, a decir verdad, cuanto más excelentes y divinas son las cosas, menos necesidad y dependencia tienen de otras. Los niños y las mujeres necesitan mil cosas que los hombres prescinden, y lo mismo sucede con los enfermos en relación con los sanos. Hércules, completamente desnudo, excepto por la piel de león y la maza, se pasea por el mundo y es adorado por todos [*Lucianus in Cynico*][60]. Quita las prevenciones de tu espíritu, borra aquello que la tiranía de una mala costumbre puede haber grabado en él, renuncia a las tontas opiniones de una multitud insensata, examinando con la norma de una recta razón las necesidades naturales, y te encontrarás no solamente fuera de la indigencia sino incluso en la abundancia de bienes, no solamente fuera de la impresión sino incluso fuera del temor a la pobreza,

Divitiae grandes homini sunt vivere parcé
Aequo animo, neque enim est unquam paenuria parvi
[*Lucret. l. 5*][61].

---

[59] Séneca (*Cartas morales a Lucilio*, 110.18) dice en realidad "*habemus aquam, habemus polentam; Iovi ipsi controversiam de felicitate faciamus*" ("tenemos agua, tenemos polenta; en felicidad podemos competir con el mismo Júpiter").

[60] Véase Luciano, *El cínico*, 13.

[61] "La suprema riqueza de los hombres es vivir con moderación y apaciblemente, puesto que de lo poco nunca se carece" (*De la naturaleza de las cosas*, 5.1117-1119).

Los palacios soberbios, los vestidos suntuosos, el séquito numeroso de servidores, son cosas atrayentes y plenas de brillo, pero aplícales el canon y la regla que establecimos hace un momento,

Apposita intortos ostendet regula mores [*Persi. sat. 5*][62],

no encontrarás allí nada de lo que buscamos, nada que tenga su fundamento en la Naturaleza. Si quieres ajustar tu vida a lo que requiere esa Naturaleza, jamás serás pobre; si la ajustas en cambio a las opiniones contrarias, jamás serás rico ni acomodado. ¿Quieres serlo más de lo que eres? Disminuye tus deseos en lugar de aumentar tus bienes, *nihil interest utrum non desideres, an habeas*[63], todo depende de uno. Obtendrás más de la moderación de tu espíritu que lo que podrías esperar de la liberalidad de la fortuna; *animus facit sibi pacem nihil timendo facit sibi divitias nihil concupiscendo* [*Sen. ep. 88*][64]. Es el camino más corto que puedes tomar para llegar a la meta, *brevissima ad divitias per contemptum divitiarum via est*[65]. Pero una vez que

---

[62] El texto de Persio (*Saturae*, 5.38) reza: "*adposita intortos extendit regula mores*" ("la regla, con sólo acercarse, corrige las malas costumbres").

[63] "No hay diferencia alguna entre no desear y tener" (*Cartas morales a Lucilio*, 119.2).

[64] "El alma se procura la paz no temiendo nada y la riqueza no deseando nada" (*Cartas morales a Lucilio*, 87.3).

[65] "El camino más breve hacia la riqueza es menospreciarlas" (*Cartas morales a Lucilio*, 62.3).

le abres la puerta a la codicia, si dejas entrar por ella el anhelo de cosas superfluas, ya no hay límite que pueda detener tus deseos, *post Darium et Indos pauper est Alexander. Inventus est qui concupisceret aliquid post omnia* [*Sen. ep. 220*][66]. Si caes en esa hidropesía, ya nada podrá aplacar tu sed, las nuevas adquisiciones te parecerán medios para echar mano de otras, y enriqueciendo tus desgracias comprobarás que las cosas inútiles, en virtud de esta depravación, se transformarán en casi necesarias. Tal es la lección que obtuvo Zenón de su naufragio, cuando dijo que *tunc secundis ventis navigavi cum naufragium feci* [*D. Laert. et Illustr.*][67]. Es también lo que hizo al tebano Crates tirar el dinero en el mar por consejo de Diógenes, lo que hizo que Jenócrates devolviera los treinta talentos de oro a Alejandro, y lo que invitó a Demócrito, el primero, dice Plinio [*Plin. l. 18. c. 28*], que supo y dio a conocer la sociedad del Cielo y de la tierra, a no guardarse nada de las ganancias que la contemplación de los astros le había hecho obtener de los olivos, acción que después fue imitada por Sextio, filósofo romano. Pues aquí la paradoja se hace verdadera, *dimidium plus toto,* la mediocridad vale más que la abundancia porque *multis eget qui mul-*

---

[66] "Después de vencer a Darío y los indios, Alejandro era pobre. [...] Se ha visto que ambicionaba más después de tenerlo todo" (*Cartas morales a Lucilio*, 119.7-8).
[67] "Me empujaba el buen viento cuando naufragué" (Diógenes Laercio, *Vida de Zenón*, 5).

ta habet, magnaque indigentia non ex inopia magna, sed ex magna copia nascitur; jactura opus non est quaestu, et minus habendum est ut minus desit [*A. Gellius l. 9. c. 8*][68]. El pie, dice Epicteto, debe dar la proporción del zapato, y las necesidades del cuerpo determinar nuestras posesiones. Todo lo que sobrepase esa medida es más impedimento que comodidad [*Enchi. c. 6*][69]. Las vestimentas demasiado largas y pesadas no hacen más que cargarnos e importunarnos. La quinta rueda agregada al carro sólo sirve para trabarlo. De buena gana Sócrates gritó en medio de una feria, *quam multis non indigeo*[70], y me da mucho placer ver a Carmides sacando la mayor gloria de su pobreza en el banquete de Jenofón[71]. Pues, ciertamente, es en esa pobreza aparente que se encuentran las riquezas verdaderas y esenciales; ella es la madre que cría las ciencias, la hermana carnal del buen entendimiento, la gran amiga de toda libertad, la compañía inseparable de la sólida quietud. Sin embargo, para poder reconocer estas cosas es preciso elevarse por encima del vulgo, es preciso dejar igualmente distantes por debajo de uno al príncipe, al magistrado y al ar-

---

[68] "De mucho carece quien tiene mucho, y la gran pobreza no nace de la gran escasez sino de la gran abundancia [...] es necesario desprenderse, no lucrar, y se debe tener menos para que falte menos" (*Noches áticas*, 9.8.1-2).
[69] Véase Epicteto, *Enchiridion*, 39.
[70] "¡Cuántas cosas hay que no necesito!"
[71] Véase, Jenofonte, *Banquete*, 19.

tesano; *magno animo de rebus magnis judicandum est, alioqui videbitur illarum vitium esse quod nostrum est*[72]. Purifica tu alma, deseca ese esplendor de Heráclito, libera a vuestro espíritu de toda anticipación y pensarás de manera diferente,

> *Aude hospes contemnere opes, et te quoque dignum*
> *Finge Deo, rebusque veni non asper egenis* [*Evander 8. Aen*][73].

En lugar de huir de la pobreza, la buscarás como algo que da a nuestras almas una templanza de firmeza y de fuerza, así como el rigor del invierno hace nuestros cuerpos más robustos y vigorosos; *si vis vacare animo, aut pauper sis oportet, aut pauperi similis*[74]. Observarás entonces que, con gran respeto y no sin razón, el poeta la ha llamado terrible en apariencia y sólo a los ojos,

> *Terribiles visu formae*[75],

como si quisiera dar a entender que al considerarla mejor tal cosa fuera, en efecto, una pura decep-

---

[72] "Es preciso juzgar acerca de las cosas grandes con un gran espíritu, de otro modo puede parecer defecto de ellas lo que en realidad es defecto nuestro" (*Cartas morales a Lucilio*, 71.24).
[73] "Osa ¡oh huésped! despreciar las riquezas, y muéstrate tú también digno de imitar a un dios, y acércate sin despreciar mi pobreza" (Virgilio, *Eneida*, VIII, 364-365). Séneca cita parte de estos versos en las *Cartas morales a Lucilio* (18.12).
[74] "Si quieres cultivar el espíritu es preciso que seas pobre, o que te parezcas a ellos pobres" (*Cartas morales a Lucilio*, 17.5).
[75] "Figuras terribles a la vista" (Virgilio, *Eneida*, 6.277).

ción. Fue por ella que Cleantes recibió el apodo de Φρεάντλης, *exhauriens puteos* [*D. Laert. in Cleanthe*][76], dado que para poder estudiar de día se ganaba la vida de noche sacando agua; pero también ella lo hizo digno sucesor de Zenón. Fue ella quien constriñó a uno de estos dos amigos, Hefestion y Praoeresio, a quedarse en casa mientras el otro aparecía en público puesto que sólo tenían una vestimenta para los dos [*Eunapius in Proaeres.*][77]; pero ella, asimismo, los elevó al rango de los más ilustres sofistas de su tiempo. Y si la indigencia extrema fue tan tolerable para estos hombres virtuosos y tantos otros que podríamos referir aquí, ¿por qué nos quejaremos de una mediocre fortuna? ¿Por qué nos consideraremos más pobres por no poseer cosas superfluas, o, más bien, por no ser poseídos por ellas, que en esto se parecen a la fiebre, a la que decimos tener cuando es ella en realidad quien nos tiene y nos posee? ¿Por qué no jactarnos con Antístenes de haber encontrado en esta pobreza las más grandes y verdaderas riquezas [*Xenophon in Symp.*]?[78] Tales son las que Sócrates le había enseñado, contemplar a gusto la Natura-

---

[76] La voz griega "*phreantres*" resulta de la composición de *phrear* ("pozo", "cisterna") y *antileô* ("arrastrar agua"). La expresión latina podría traducirse por "vaciando pozos". Véase Diógenes Laercio, *Vida de Cleantes*, 2.
[77] La referencia debería encontrarse en *Vidas de los sofistas*, obra compuesta por Eunapius en el año 405 y donde reúne las biografías de treinta y tres filósofos y sofistas griegos.
[78] Véase Jenofonte, *Banquete*, 4.

leza en su conjunto, meditar con plena libertad de espíritu sus verdaderos efectos, gozar de un completo reposo y de una verdadera tranquilidad (lo más valioso del mundo y, como él dice, ἀβρότατον κτῆμα, lo más delicado) pasar sus días sin interrupción al lado de Sócrates, oír sus encantadoras palabras, considerar sus bellas acciones, sacar importantes lecciones de sus menores movimientos. ¡Dioses y Diosas, qué bienes incorruptibles! ¡Qué riquezas independientes de la fortuna! ¡Qué opulencia más fácil de conservar e imposible de ser arrebatada! He aquí, Filopono, un trazado sumario del bien y la utilidad que pueden provenir de una vida protegida y particular como la nuestra. Quedan por examinar el placer y la satisfacción, si es que alguien puede dudar de que se encuentren muy puros y perfectos en los bienes que acabamos de describir, los cuales no podrían ser llamados de tal manera si no estuvieran acompañados de deleite y de placer; *ubi non est ἀγαστόν, gratum, ne ἀγαθόν, bonum, quidem esse potest* [*Sext. Pyr. Hyp. l. 5. c. 23*][79].

FILOPONO.- Sin embargo, me reconocerás que Aristóteles, Catón y otros varios, como prueba de que el hombre es el más sociable de todos los animales, señalaron que nadie quiere poseer todos los bienes juntos si para ello es preciso que los goce en

---

[79] "Donde no está lo agradable tampoco puede estar lo bueno" (Sexto Empírico, *Bosquejos pirrónicos*, 3.23.184).

soledad, puesto que en tal condición no puede haber satisfacción ni contento. Y si algunas veces gustamos de aislarnos para atormentar nuestra conciencia, al igual que Ajax en Homero, y el humor nos lleva a meternos en nosotros mismos para incubar solos, como el sapo, nuestro veneno, tales cosas son efectos de una profunda melancolía que nos domina entonces, *sunt mala mentis gaudia*[80], una falsa y engañosa satisfacción y complacencia que procede de un temperamento quemado y corrompido, la cual no tiene otro fundamento que nuestra mala complexión, que altera y deprava las funciones de nuestra alma causando estas ilusiones de un falso e imaginario placer. Eso es lo que llevó a decir a un personaje de la Antigüedad que, de los peligros de la vida, la soledad no era el menor, y lo que hizo que Pitágoras diera a sus discípulos estos dos preceptos, entre otros, *cor non esse edendum*, y, *cerebro non esse vescendum* [*Jambl. de vita Pyth. c. 24*][81]. ¿Y quién podría pensar que bajo el semblante austero y el rostro tétrico de un filósofo,

> *Nec visu facilis, nec dictu affabilis ulli.*
> *[De Polyph. Virg. 3 Aen.]*[82],

---

[80] "Son las perversas alegrías del alma". La frase pertenece a Virgilio (*Eneida*, 6.278-279); Séneca la recuerda en *Cartas morales a Lucilio*, 59.3.

[81] "No debe devorarse el corazón", "no debe comerse el cerebro". Véase también Diógenes Laercio, *Vida de Pitágoras*, 17.

[82] "A nadie es agradable de rostro, ni afable de palabra" (*Eneida*, 3.621).

pudiera encontrarse verdadero goce y alegría de espíritu? En cuanto a mí, soy de la opinión de que los poetas han relatado los tormentos de Prometeo sólo para representarnos los pesares que os provocáis todos los días. El monte Cáucaso representa la soledad que profesáis, el águila que roe su hígado renaciente es la contemplación con la cual afligís incesantemente vuestro espíritu en una búsqueda de causas y de razones que pululan unas de otras y se reproducen al infinito,

nec fibris requies datur ulla renatis
[*Virg. 6. Aen. Lucianus in Necyo.*][83].

Recibe, Hesiquio, como el mejor consejo que jamás podrías invocar, aquel que brinda al respecto Tiresias a Menipo, cuando le advierte susurrándole al oído que si desea recibir alguna satisfacción en la vida deje de buscar con tanto cuidado los principios y los fines de todas las cosas, *hoc tibi puta vatem dixisse*[84]; de otra manera, todo esa cultura te será más dañina que ventajosa, sólo serás ingenioso para caer engañado y dar pena. ¿Dices que sólo encuentras en la soledad este dulce reposo que es tu bien soberano? ¿Qué encantos te han embelesado tan poderosamente que pones la feli-

---

[83] "No hay descanso alguno para las entrañas que renacen" (*Eneida*, 6.600); Luciano, *Menipo o la necromancia*, 14.
[84] "Toma en cuenta que esto lo dijo un poeta" (Plinio, *Historia natural*, 29.14). Véase *supra*, notas 3 y 4.

cidad en algo que hace a los hombres dormidos más dichosos que despiertos [*Aristot. l. mag. mor. c. 4*]? Los osos y otros animales adormilados la mayor parte del año tendrían entonces una gran ventaja sobre nosotros. *Quid est ociosius verme?* exclama justamente vuestro Séneca [*ep. 88*][85] ¿No ves acaso que, al contrario, un ocio excesivo es lo que más nos atormenta, πράγματ' ἐξ ἀπραξίας, *ex otio negotium*?[86] Entonces es cuando más nos agitamos, aleteando en la percha, y cuando, carente de ocupaciones nuestro espíritu, se castiga a sí mismo,

Incerte erat animus, praeter propter vitam vivitur
[*A. Gellius l. 19 c. 10*][87],

como decía el viejo Ennio: siendo de naturaleza ígnea, se consume cuando dejamos de darle su alimento. ¿No es cierto acaso que los caballos más generosos se estropean en la cama de paja, que el oro más bello se herrumbra si no es utilizado, que las perlas más finas de Oriente pierden su gracia y color si no son tocadas y frotadas, que los divinos perfumes de Arabia se corrompen si no son agitados? ¿Cómo puedes imaginar entonces que la per-

---

[85] "¿Qué cosa más tranquila que un gusano?" (*Cartas morales a Lucilio*, 87.19).
[86] "Después del ocio, la ocupación".
[87] "*Incerte errat animus, praeterpropter vitam vivitur*" ("El espíritu vaga incierto, viviendo la vida poco más o menos", *Noches áticas*, 19.10.12).

fección de tu vida está en no hacer nada, que tu mayor contento está en la inactividad, que vuestra última felicidad sería gozar de una ociosidad medio muerta? Recuerda, filósofo, que el más desgraciado de todos los condenados es el más ocioso, el que puede contemplar más a su gusto,

> *sedet aeternumque sedebit*
> *Infoelix Theseus, Phlegiasque miserrimus omnis*
> [*Virg. 9 Aen.*][88].

Observa que el poeta sólo nos da a conocer su tormento, y nos lo hace comprender, por medio del reposo perpetuo en el que se encuentra.

HESIQUIO.- Si el fruto principal de la filosofía, como decía Aristipo, es hablar audazmente a todo el mundo, no encontrarás extraño que, en la confianza de nuestra antigua relación, te responda con ingenuidad y franqueza[89]. Es algo común que todos los que, como tú, pasan su vida en las ocupaciones y el tráfago de la vida tumultuosa, tengan concepciones muy equivocadas acerca de los que deslizan secretamente sus años en el reposo y el silencio de una vida particular; algo que procede, no solamente de aquella inclinación natural por la que

---

[88] "El infeliz Teseo está sentado y lo estará eternamente, y Flegias, el más desgraciado de todos" (*Eneida*, 6.617-618).
[89] Véase Diógenes Laercio, *Vida de Aristipo*, 4.

cada cosa siente afecto por lo semejante y aversión por lo contrario, sino también de un deseo y de una ambición que domina a la mayor parte de los hombres y que los lleva a desear con pasión que se los considere prudentes y sagaces en la conducción de su suerte, y en consecuencia dichosos en el tipo de vida que profesan. Ahora bien, cuando ven personas que, mediante acciones muy diferentes de las propias, muestran tener inclinaciones y sentimientos completamente contrarios, creen encontrar en ellos otros tantos inspectores de su felicidad y buen juicio; de allí procede, en fin, esta impertinencia y animosidad cuando se enfrentan a ellos. Esto es lo que ha invitado a tantos personajes importantes a ocultarse en la mayor protección y el mayor secreto posibles, y a dejarnos las leyes y preceptos de hacer lo mismo, bajo pena de exponerse a esta malevolencia de la que hablamos. Epicteto nos propone continuamente las maneras de hacer y los comportamientos de Sócrates, que no se las daba de filósofo casi nunca, y casi todos sus sucesores están de acuerdo en este punto, *bene vixit qui bene latuit*[90]. Pero, dado que esa envidia pública persigue a los hombres sensatos incluso en su retiro, hay que imitar, dice Séneca [*ep. 69*], a esos animales que borran las señales de su guarida, falsean las huellas y confunden los vestigios del camino que los llevó

---

[90] "Vivió bien quien supo ocultarse bien" (Ovidio, *Tristia*, 3.4.25).

allí[91]. Ten vuestro ocio, agrega, lo más oculto que puedas, y, en todo caso, no pretendas obtener ventajas de él ni te des importancia con el título de filósofo; antes bien, argumenta que una indisposición te constriñe al descanso, di que tu imbecilidad te distancia forzosamente de la acción o que la mala fortuna te aleja a tu pesar de cargos y empleos; en resumen, confiesa indolencia o haraganería antes que permitirle a alguien conocer tu secreto. He aquí, Filopono, una lección que siempre he considerado muy importante y bajo cuya reglas he pretendido conducirme hasta ahora. No obstante, bien veo que no he podido ponerme enteramente a cubierto de tu furia e indignación, que te lleva incluso a reprocharnos el semblante apesadumbrado e insoportable, dices, puesto que nos hace parecer Polifemos u hombres-lobo. Permíteme que te responda recurriendo a una especie de broma, la que hace el padre común de los filósofos en circunstancias semejantes, y te diga que es preferible ser insultado con la palabra visionario, $\phi\rho o\nu\tau\iota\sigma\tau\acute{\eta}\varsigma$, *meditator*, que con la palabra atolondrado, $\dot{\alpha}\phi\rho\acute{o}\nu\tau\iota\sigma\tau o\varsigma$, *incogitans* [*Xenoph. in Symp.*][92]. Vosotros no os enojáis menos cuando nos comparáis con los más miserables de los infiernos, cuando nos destináis penas que yo podría de manera mucho más verosímil reducir e igualar con los trabajos calamitosos de una vida sin

---

[91] *Cartas morales a Lucilio*, 68.4.
[92] Jenofonte, *Banquete*, 4.

sábado y sin descanso, como es la vuestra. Pues si el infortunado Tántalo no sufre suplicio más cruel que el de estar cerca de bienes que ve y que no puede poseer, cuánto más desgraciado será aquel que se siente privado de sí mismo y que, conociendo las satisfacciones de espíritu y los sólidos placeres que se podría conceder, no puede conformarse con nada, empero, ni gozar un solo momento de su intimidad. Ahora bien, eso es lo que experimentan todos los días hombres de acción y de negocios como tú, esa πολυπραγμοσύνη de los griegos que no puede ser bien traducida ni al latín ni al francés, y que tiene esto de particular: que arrebata al hombre por entero, sin dejarle la menor posesión de sí. En el caso de que dijeras que hay que repartir la vida de tal manera que sólo haya ciertos días y ciertas horas para ocupaciones semejantes, a las cuales hay que prestarse pero no darse completamente, en tal caso, encontraría menos injusto si condenaras por entero nuestra filosofía que si quisieras moderarla y limitarla de manera inoportuna, *in re enim, eo meliore quo major est, mediocritatem desideras* [*Cic. 1. de fin.*][93]. Por otra parte, tal cosa sería hacerse voluntariamente miserable la mitad del tiempo, y, respecto de la otra mitad, cuando pensaras estar en ti mismo, no quiero más testimonio que el de tu propio resentimien-

---

[93] El texto de Cicerón (*De finibus*, 1.2) dice "*in reque eo meliore, quo maior sit, mediocritatem desiderent*" ("y desean mediocridad en algo que mejor es cuando más lejos se lo lleva").

to, que te hará confesar, estoy seguro, que jamás tu espíritu pudo aceptar tal división sin que la memoria de los negocios lo haya obstaculizado con las gehenas y torturas, enemigas de toda satisfacción. Por cierto, si pudieras conservar el espíritu libremente determinado y en filosófica calma en medio de las inquietudes de una corte y las agitaciones de un palacio, te permitiría con todo gusto filosofar, incluso subido al mismo tiempo en un columpio. Sin embargo, ¿tú te atreves a reprocharnos que no tenemos placeres fieles y verdaderos? Si fuera así, estaríamos, pues, muy equivocados cuando aseguramos que *gaudium nisi sapienti non contingere*, o cuando decimos que *sapientem illum esse, qui plenus gaudio, hilaris, et placidus, inconcussus cum Diis ex pari vivit* [*Sen. ep. 60*][94]. Ahora bien, se ha visto que los estoicos habían llamado al gozo muy bien un accesorio y como una dependencia de la virtud, *gaudium et laetitiam esse virtutis accessiones*, ἐπιγεννήματα [*D. Laert. in Zenone*], se sigue de allí, luego, que las virtudes más eminentes, que son las intelectuales, a causa de su objeto, estarán acompañadas de las satisfacciones más perfectas, puesto que los efectos contienen siempre la naturaleza de

---

[94] "La alegría sólo puede darse en el sabio", tal es la traducción correspondiente al primero de los pasajes de Séneca (*Cartas morales a Lucilio*, 59.2). En cuanto al segundo (*Idem*, 59.14), el texto dice exactamente: "*Sapiens ille plenus est gaudio, hilaris et placidus, inconcussus; cum dis ex pari vivit*" ("el sabio es un hombre lleno de gozo, alegría y serenidad; inconmovible, vive a la par de los dioses").

su causa y son proporcionados a ella; en consecuencia, las contemplaciones de los filósofos tendrán regocijos más puros y placeres más exquisitos que los de la vida activa. Pero lo que te hace juzgar tan mal nuestra manera solitaria de vivir, si quieres saberlo, es que no puedes prescindir de una compañía y que, no pudiendo tener conversación alguna contigo mismo, jamás estás en peor postura ni más desolado que cuando te encuentras solo. Ahora bien, mides a los otros con tu vara, como se dice, otros que, por el contrario, nunca están más alegres ni más gozosos que cuando conversan con ellos mismos, no encontrando en ellos y en su interior más que motivos de satisfacción y de contento, *talis sapientis est animus, qualis mundi status super Lunam, semper illic serenum est* [*Sen. ep. 60*][95]. Ésta es la gran ventaja que tienen los filósofos por sobre el resto de los hombres. Antístenes, preguntado acerca de cuál era la principal utilidad de la filosofía, respondió ἑαυτῷ ὁμιλεῖν δύνασθαι, *mecum colloqui posse*[96]. Ésta es la prerrogativa de los hombres sensatos, que solos saben hacer uso de una virtuosa e inocente complacencia consigo mismos, *nisi sapienti sua non placent, omni stultitia laborat fastidio sui* [*Sen. ep. 9*][97]. Las almas bellas, libres de las tontas fantasías del vulgo,

---

[95] "El alma del sabio es como la del mundo superior a la Luna, donde siempre reina la serenidad" (*Cartas morales a Lucilio*, 59.16).
[96] "Me permite hablar conmigo" (Diógenes Laercio, *Vida de Antístenes*, 4).

jamás se disgustan de sí mismas, la soledad no las resquebraja, no tienen ese gusano atormentador de la conciencia criminal, su Genio no las persigue. En el pleno regocijo de su integridad e inocencia, conversan con las Inteligencias, contemplan la inmensa grandeza y el inmenso poder de la Naturaleza, considerando las causas y los efectos del cielo y de la tierra, meditan sobre los principios y los fines de todas las cosas, *ex superiore loco homines vident, ex aequo Deos*[98]. No se encuentra allí para marchitarse en una ociosidad penosa y aburrida, una soledad semejante no está para contristar un alma divinamente en vuelo. Tampoco vemos al águila, que prefiere los altos desiertos del aire donde contempla el sol de más cerca, en compañía de otros pájaros. Así sucede con el espíritu filosófico, el cual, ejercitado en el arte del discurso mental y de la meditación, se aparta gustoso de la multitud, a la que deja por debajo de sí, para aproximarse a la divinidad que contempla. Es esto lo que lleva a que Aristóteles concluya, sobre el final de su moral [*Eth. ad Nic. l. ult. c. 8*], que cuanto más contemplativo es un hombre, más feliz es y más semejante a las Esencias divinas, Esencias que han recibido el nombre de Dioses por la palabra θοωρεῖν, es decir, contemplar,

---

[97] "Sólo al sabio agradan los propios bienes. La necedad sufre todo el hastío de sí misma" (*Cartas morales a Lucilio*, 4.22).
[98] Séneca dice "*ex superiore loco homines videntem, ex aequo deos*", es decir, "mirando a los hombres desde lo alto, igual que los dioses" (*Cartas morales a Lucilio*, 41.4).

puesto que es su ocupación y ejercicio común [*Plutar. De plac. phil. l. 1. c. 6.*]⁹⁹. Además, dado que cada cosa es naturalmente llevada a su bien, todos los hombres tienen una inclinación y un deseo físico de conocer y saber. Ahora bien, la ciencia no se adquiere sino por la contemplación, *oportet intelligentem speculari phantasmata*¹⁰⁰, y sólo puede ser poseída en un gran reposo y tranquilidad, *quievisse ac stetisse dianoeam, id vocamus scire ac prudentem esse*, dice el maestro de la Escuela [*7. phys. c. 4*]¹⁰¹. Todos tenemos por naturaleza, pues, una vocación al reposo y a la contemplación como a nuestra mayor felicidad. Y si es verdad que el cumplimiento del deseo natural está acompañado de verdadero placer, y de voluptuosidad, el filósofo, que en el regocijo de un reposo profundo contempla y sabe las verdades naturales y las esencias de todas las cosas en la medida que son humanamente perceptibles, recibirá sin duda un gozo consumado y una perfecta satisfacción.

O Melibeoe, Deus nobis haec otia fecit [*Tir. Ecl. 1.*]¹⁰².

---

[99] La nota se refiere al capítulo 6 de *De placitis philosophorum* ("Acerca de las opiniones de los filósofos") de Plutarco.

[100] "Es necesario que el entendimiento considere imágenes". Debe referirse a *De anima*, 3.7, pues el famoso *Commentarii Collegii Conimbricensis Societatis Iesu, in tres libros De anima, Aristotelis Stagiritae*, publicado en 1598, trata la cuestión bajo el título "*Num intelligentem speculari phantasmata oporteat*".

[101] "Los términos 'conocer' e 'inteligente' significan que el pensamiento descansa y se detiene" (Aristóteles, *Física*, 7.3).

[102] "¡Oh, Melibeo! Dios nos ha dado este descanso" (Virgilio, *Églogas*, 1.6).

He aquí, Filopono, el estado cierto y la verdadera condición de aquel que es filósofo sin afeites, sin superchería y sin disfraz. Y si algunos te han parecido tales como los has descripto hasta ahora, debes saber que la barba y el manto te hizo tomar como filósofos a los que sólo tienen de ellos una vana cobertura, y que chivos henchidos y abotargados, tales como los de Apuleyo, se te han presentado como hombres de verdad. Tenemos tantos ergotistas pedantes, tantos gramáticos contenciosos, tantos humoristas bizarros y extravagantes, todos los cuales profesan cortejar la filosofía y ser queridos por ella, que no es sorprendente si muchos la juzgan mal y la desprecian con violencia. Es cierto que resulta muy inicuo hacerla única responsable de los defectos de quienes la profesan. Todas las artes y ciencias están en mejor condición que ella, puesto que no se ataca a la arquitectura si alguien utiliza mal la regla y el compás, ni a la música si alguien toca mal el laúd o el arpa, sólo se concluye que ese alguien para nada es buen arquitecto o músico. ¿Por qué se calumnia entonces a la filosofía en virtud de las tonterías e impertinencias de tales partidarios, o, mejor, de tales impostores? Esto me recuerda a aquellos indiscretos enamorados de Penélope que la confundían con Melanto o Polidora, sus criadas [*D. Laert. in Aristi.*][103]. Ciertamente, será siempre

---

[103] Diógenes Laercio, *Vida de Aristipo*, 4.

el que menos la ostente, el que más discreto sea con su buena suerte y el que conserve de manera más protegida y oculta sus favores quien podrá conocerla un poco mejor y merecer sus simpatías, *fugit multitudinem, fugit paucitatem, fugit etiam unum* [*ep. 11. et 32.*][104]. Séneca comprendió que su amigo Lucilio se había transformado en su favorito cuando le escribió, *quaeris quid me maxime ex his quae de te audio delectet? quod nihil audio, quod plerique ex his quod interrogo nesciunt quid agas*[105]. Esos sofistas orgullosos, esos doctos Trasones[106] que no juran sino por el nombre de esta señora, que tienen la boca llena de axiomas, que no hablan más que por medio de aserciones y dogmas filosóficos, son los que menos conocen la belleza que se jactan de servir, y también son los que menos participan de los afectos de ella. Los verdaderos profesores y sinceros amantes de esta bella y divina Penélope son aquellos que Aristóteles nos describe en el libro tercero de sus Políticas [*cap. 13*] como Inteligencias revestidas de nuestra forma humana, o, para decirlo igual que él, como Dioses conversando entre los hombres. Y es aquí cuando te ruego

---

[104] "Huye de muchos, huye de pocos, huye aun de uno solo" (Séneca, *Cartas morales a Lucilio*, 10.1).
[105] "¿Quieres saber lo que más me agrada de cuanto oigo contar de ti? El no oír nada, pues la mayor parte de aquellos a quienes pregunto ignoran lo que haces" (*Cartas morales a Lucilio*, 32.2).
[106] Trasón, personaje del *Eunuco* de Terencio. Su nombre ha quedado tan ligado a la fanfarronería que el adverbio *"thrasonically"* se utiliza en inglés para describir el actuar jactancioso.

que observes con cuán poca razón quieres someterlos a las reglas comunes de vidas ajenas o los modos de hacer de la multitud. Tales personas, dice él, no forman parte de la República, que es una asamblea de los que viven en igualdad, porque su eminencia los coloca por encima de los pares y los distingue demasiado; las leyes no les incumben porque ellos mismos son leyes vivas y animadas que regulan y gobiernan las demás; nadie tiene derecho de darles órdenes puesto que son los reyes, y dictadores perpetuos, a los que la razón manda obedecer[107]. Si tienes la temeridad, por tanto, de prescribirles estatutos y ordenanzas, debes saber que es como querérselas imponer al mismo Júpiter. No tengo nada que ver con las leyes de Casio o de Masurio, decía el gran Epicteto, puesto que obedezco las del autor de la Naturaleza[108]. De la misma manera, el estoico de Cicerón, en la cuarta de sus cuestiones académicas, se burla de las leyes de Licurgo, de Solón y de las doce tablas, asegurando que no tiene otra ley verdadera que la de su edad[109]. Así sucedió, agrega Aristóteles, con Hércules entre los argonautas, a quien Argo, el barco fatídico, no quería recibir debido a que su excelencia y disparidad con los demás era excesiva[110]. Y si esta

---

[107] Véase Aristóteles, *Política*, 3.13.
[108] Véase Epicteto, *Discursos*, 4.3.
[109] Véase Cicerón, *Cuestiones académicas*, 2.46.136.
[110] Véase Aristóteles, *Política*, 3.13.

descripción te parece extraña, ten en cuenta, para comprenderla mejor, que hay dos clases de Repúblicas, las pequeñas, o particulares, y la grande, la del universo. A las primeras se refería Apolonio de Tiana cuando dijo ἐμοὶ πολιτείας μὲν οὐδεμιᾶς μέλει, ζῶ γὰρ ὑπὸ τοῖς θεοῖς, *ego quidem de nulla republica sum sollicitus, vivo enim sub Diis*[111]. Y es en relación con la última que los filósofos de los que hablamos son llamados cosmopolitas, o ciudadanos del mundo. Ellos no pueden, a causa de su desproporcionada dignidad, formar parte de los Estados particulares, como acabamos de decir; considerándolos, sin embargo, en la gran ciudad del universo, *terminos civitatis suae in sole metientes* [*Sen. de vita bea. c. 32*][112], son los miembros más bellos, más importantes y considerables de ella, después de los Dioses, si es que quieres incluir a éstos, tal como lo hacían Epicteto y otros filósofos de su familia [*Lips. phys. l. 2. c. 7*][113]. Por lo demás, pregunta cuál es allí su ocupación y de qué sirven. Impiden que las maravillas del Todopoderoso y de la Naturaleza queden sin testigos, sin intérpretes y sin admiradores. Pitágoras los comparaba muy

---

[111] "A mí no me preocupa ninguna forma de gobierno, pues vivo bajo el poder de los dioses" (Filóstrato, *Vida de Apolonio de Tiana*, 5.35).

[112] El pasaje corresponde al diálogo *De otio* (4.1) y reza "*sed terminos civitatis nostrae cum sole metimur*" ("pero los límites de nuestra república se miden con el sol").

[113] Se trata de la *Physiologia Stoicorum* de Justus Lipsius, publicada en 1604.

amablemente con los espectadores de los juegos olímpicos, quienes dejando para los demás las carreras, los combates, las ventas, las compras y otras ocupaciones, se contentan con contemplar el todo en reposo, por más que los mercaderes les pongan mala cara o sean objeto de burlas [*Arrianus l. 2. c. 14*][114]. Asimismo, otros han considerado muy acertadamente este mundo como un magnífico teatro sobre el cual se representan por medio de diversos personajes diversas clases de vida; los filósofos se encuentran sentados en él, considerando el todo con gran placer, mientras que los príncipes, los reyes y los más grandes monarcas son otros tantos actores de la comedia, actores que interpretan papeles sólo para la satisfacción de estos dignos espectadores. También Diógenes lo entendió así cuando, complaciéndose con Alejandro, le dijo, como una forma de burla y de menosprecio, que mucho le faltaba para sentirse inferior a él siendo, como era, amo de sus amos. Y verdaderamente, dado que este rey, como tantos otros, era esclavo de sus pasiones, mientras que Diógenes, sometiéndolas a la razón, las gobernaba, bien se podía jactar de dominar a los amos de Alejandro. ¿Y qué hay en esta preeminencia que atribuimos a los filósofos por

---

[114] Quien atribuye a Pitágoras esta comparación es Diógenes Laercio (*Vida de Pitágoras*, 6). En el capítulo indicado de las *Disertaciones por Arriano* (2.14.23-25), el autor de la misma parece el propio Epicteto.

sobre los reyes más importantes de la tierra que no sea conforme al orden y a la disposición del universo en su conjunto, donde creemos que las Inteligencias de ciencia y de iluminación son preferibles y están por encima de las Potestades y las Dominaciones? No dudo que encontrarás estos pensamientos muy extraños por su lejanía respecto del sentir común y de las opiniones recibidas. Pero, si no hay arte ni profesión que carezca de paradojas, como cuando la medicina prescribe horadar un ojo para restituirle la vista o romper una pierna para hacerla caminar derecho [*Arrianus l. 1. c. 25*][115], ¿por qué nos asombraremos de que la filosofía, soberana medicina de nuestras almas, tenga también las suyas? ¿Y qué importa que la filosofía presente paradojas, con tal de que, como decía Cleantes, no sean paralogismos, o absurdas e irracionales [*Arrianus l. 4. c. 1*][116]? Ahora bien, para reconocerlas y comprenderlas adecuadamente es preciso estar iniciado en estos sagrados misterios; para apropiarse de ellas y aprovecharlas es preciso ser inteligente y tener el Genio filosófico; un estómago débil o no acostumbrado a carnes tan sólidas las vomita en lugar de digerirlas y nutrirse de ellas. No hay que sorprenderse, pues, si aquellos que comen alimentos tan distintos a los nuestros tienen asimismo el gusto y el apetito muy diferen-

---

[115] Epicteto, *Disertaciones por Arriano*, 1.25.32-33.
[116] *Disertaciones por Arriano*, 4.1.173.

tes: *non idem sapere possunt qui aquam et qui vinum bibunt*[117]. En medio de las continuas agitaciones de tus quehaceres y de las distracciones serviles de tus eminentes cargos, ¿creerías tener, Filopono, el mismo temple de espíritu y los mismos pensamientos que quienes se aplican sólo al cultivo de la filosofía, que sólo ejercen la contemplación, que no tienen mayor placer que esta desatadura y separación del alma y del cuerpo, conocida únicamente por los filósofos? Puesto que así como la acción está en el movimiento, la especulación, tal como lo hemos dicho, está completamente en el reposo y en el ocio, *intellectio similis est cuidam quieti et statui* [*Ari. 1. de ani. c. 3*][118]; son cosas diametralmente opuestas, por tanto, y que producen asimismo frutos de naturaleza muy disímil. De todas maneras, dado que hasta aquí me permití revelarte los artículos más secretos de la profesión filosófica, no tendré escrúpulos para confiar a tu probidad incluso la interioridad más profunda de mi alma y mostrarte al desnudo en qué términos me he visto antes y en qué equilibro espiritual me encuentro actualmente. A mí no me tocó menos que a ti la ambición de parecer; nada hubo que no haya intentado para satisfacer tal pasión: habría recurrido al polio y a la euclea si hubiese creído, por el

---

[117] "No pueden gustar igual quienes beben agua y quienes beben vino". La frase pertenece a Demóstenes, *De falsa legatione*, 46.
[118] "La inteligencia es semejante a algo quieto y reposado" (Aristóteles, *De anima*, 1.3).

relato de Plinio [*l. 25. c. 10*], que tales hierbas contribuían a mi gloria y reputación[119]. En cuanto a las riquezas, aunque esta pasión fue en mí mucho más débil y tranquila, tenía muy bien, con el español, *al señor dinero por un gran caballero*[120], y me parecía que Hesíodo no se equivocó para nada al decir que el dinero era otra alma que nos hacía vivir y subsistir:

Χρήματα γάρ ψυχὴ πέλεται δειλοῖσι βροτοῖσι,
Pecunia enim anima est miseris mortalibus[121].

Respecto de los placeres que acompañan estos honores y riquezas, mi complexión no me hacía incapaz de algunos de ellos, y quizás tenía inclinaciones naturales muy poderosas que me hacían buscar el disfrute. Por eso estaba muy empeñado en apaciguarlas, como lo recordarás si te queda alguna memoria del momento en que nos conocimos, cuando mi buen Genio me llevó al encuentro de algunas personas de buenas intenciones, las cuales esclarecieron por primera vez mi espíritu y le hicieron ver las primeras luces de la verdadera filosofía. El modo de vivir de esas personas, com-

---

[119] El pasaje en cuestión se encuentra en 21.44 de la *Historia natural*; allí, sin embargo, Plinio se refiere sólo a las propiedades legendarias del polio.
[120] Español en el original.
[121] "Pues la riqueza es el alma para los desdichados mortales" (Hesíodo, *Los trabajos y los días*, 685).

pletamente diferente del mío, su raciocinio y sus pareceres, opuestos a los que tenía entonces, junto con lo que yo mismo había sentido en cuanto al celo y a la propensión a buscar y amar la verdad en todas las cosas, y sobre todas las cosas, causaron así un cambio muy notable en mi alma. Sin embargo, el esfuerzo de los primeros conocimientos, la violencia de los malos hábitos, la tiranía de las costumbres, el torrente de la multitud me habrían arrebatado fácilmente devolviéndome a mi primer tren de vida, *facile enim transitur ad plures; Socrati, Catoni, et Laelio excutere mentem suam dissimilis multitudo potuisset*[122]. Estaba por tanto en gran peligro de recaer si el mismo Demonio socrático que se ocupó de cuidarme no lo hubiese remediado ordenándome esos pocos viajes que hice por las principales partes de Europa, así como los médicos prescriben con frecuencia el cambio de aire para aquellos que quieren mantener sanos. Y, ciertamente, este trasplante no es menos útil para los hombres que para las plantas, a las que vemos aliviarse y mejorar por ese medio, *etiam aquarum suaviores sunt quae errant*[123], de la misma manera como vemos que en el cielo los planetas errantes tienen mucho más valor que los fijos y detenidos.

---

[122] "Fácilmente [el alma] se aúna a la mayoría. Una multitud en oposición hubiera hecho cambiar de idea a Sócrates, a Catón y a Lelio" (Séneca, *Cartas morales a Lucilio*, 7.6).

[123] "Pues las más agradables de las aguas son las que corren".

También podemos señalar cuántos antiguos grandes hombres de Grecia han tenido en cuenta la peregrinación, de la cual las vidas de Orfeo, Homero, Tales, Solón, Cleobulo, Pitágoras, Demócrito, Platón y tantos otros han dado firmes testimonios. Y si me lo permites, te diré a propósito de esto lo que pienso del largo dormir, durante cincuenta y siete años, de Epiménides, quien dejó que se perdiera la oveja de su padre para caer en un profundo sueño. Pues, ¿qué puede significar dicha fábula sino un largo viaje durante todo ese tiempo, un viaje en el cual con frecuencia se dejan dormir los asuntos domésticos, la oveja paterna, es decir, el bien que nuestros padres nos legaron, corriendo gran peligro de extraviarse y perderse? Pero sea como sea, después de esa larga noche, o, para mejor decirlo, ausencia, regresa muy famoso a su casa y muy amado de los Dioses, Θεοφιλέστατος, lo cual es preferible a cualquier otra reputación[124]. No quiero decir que mis viajes hayan tenido como consecuencia un éxito semejante, pero puedo asegurar que es el tiempo que considero mejor empleado, después del cual me he concedido la libertad de dar forma a mi vida y de regular su curso según lo que la razón me haya aconsejado como mejor. Los Dioses me habían dado el ser, la filosofía me ha procurado el bienes-

---

[124] Véase Diógenes Laercio, *Vida de Epiménides*, 2-3.

tar: *Deorum munus vivere, Philosophiae bene vivere*[125]. Los deseos de mis padres me habían atado a mil servidumbres, la filosofía me ha llevado a una plena y verdadera libertad. Las leyes y costumbres parecían obligarme a acciones vergonzosamente penosas, la filosofía me ha liberado de ellas y me ha colmado de reposo y felicidad: *summa beatae vitae, solida tranquilitas, et ejus inconcussa fiducia* [*Sen. ep. 44.*][126]. Después de esto, ¿encuentras extraña mi forma de hacer? ¿Encuentras censurable mi soledad? ¿Estimas vergonzoso mi retiro? ¿Pobre y endeble mi condición? ¿Haragana y reprochable mi tranquilidad? ¿Imaginarios o extravagantes mis placeres? Si aceptaras recurrir por un momento a tu razón natural, no desearía ningún otro juez que tú mismo para nuestra discrepancia. En honor a la verdad, ¿no es acaso cierto que, aun cuando la eminente dignidad de tu cargo haga de ti uno de los hombres más respetados de este país, dado que todavía tienes algo por arriba tu ambición no está satisfecha y tus deseos te hacen penar cada vez que elevas la mirada? ¿No es acaso cierto que aunque posees magníficos bienes ocupas más tiempo pensando en aquellos de los que te consideras carente que gozando de los primeros? ¿No es acaso

---

[125] "Vivir es un regalo de los dioses; vivir bien, de la filosofía" (*Cartas morales a Lucilio*, 90.1).
[126] Séneca (*Cartas morales a Lucilio*, 46.7) dice *"summa vitae beatae sit solida securitas et eius inconcussa fiducia"* ("el grado supremo de la vida feliz es la firme seguridad y la inamovible confianza").

cierto que aunque te concedes todos los placeres y contentos que resultan posibles no dejas de desear y de imaginar varios otros cuya privación te aflige maravillosamente? ¿Has tenido nunca gozo alguno que no haya estado seguido de una aflicción mucho más sensible y acuciante? ¿Del medio y como de la fuente de tus más deliciosos pasatiempos, acaso no nace un disgusto y no brota una amargura que sobrepasa todo lo que allí haya de dulzura? Por el contrario, yo me encuentro tan por encima de tus honores y adoraciones que los desprecio sin violencia alguna, reconociendo su mal fundamento, *contentus eo usque crevisse, quo manum fortuna non porrigit* [*Sen. ep. 112.*][127]. Si considero todas tus riquezas y opulencia sólo como higos y nueces que la fortuna arroja entre los hombres, tal como nosotros lo hacemos entre los niños, conformándome con gustar de alguno de ellos que el azar haya arrojado hasta mí, según los permite Epicteto [*Arrianus, l. 4. c. 7*][128], mientras los otros luchan entre sí para ver quién tendrá más. Si reconociendo la ridiculez y ruindad de tus mayores placeres, me entrego al disfrute de los que sé puros, sólidos y auténticos, que me puedo dar a mí mismo, que no podrían serme inquietantes ni molestos, según te he dado a conocer en mi prece-

---

[127] "Contento por haberse levantado hasta allí donde la fortuna no extiende su mano" (*Cartas morales a Lucilio*, 111.4).
[128] Epicteto, *Disertaciones por Arriano*, 4.7.22-24.

dente discurso. Si todo esto es verdad, y si tal es justamente la situación y la condición de una y otra vida, dime cándidamente, en el caso de que te quede alguna ingenuidad, ¿cuál de las dos te parece más dichosa? ¿A cuál le adjudicas la ventaja? ¿Cuál de las dos prefieres? Oh, Filopono, ¿podrías tener alguna duda al pronunciar tu sentencia al respecto? Si he podido mostrarte más al desnudo las bellezas cautivantes de nuestra divina filosofía, ¡ah!, qué pasiones extremas y qué admirables arrebatos de amor tendrías por ella. Si esta Dipsade celeste te hiriera en lo vivo alguna vez [*Eunapius in Maxim.*][129], qué sed inextinguible de disciplina y de conocimiento te tendría agradablemente excitado el resto de tus días. Si hubierais gustado aunque sea un poco de las dulzuras de su conversación solitaria y tu espíritu probara el loto y la ambrosía de sus encantadoras contemplaciones, abandonarías con gran desprecio cualquier otra comida que no fuera la de ella, amarías el reposo de una vida particular para gozar sin disturbio de su conversación y preferirías nuestros desiertos y soledades a las compañías más eminentes y a las acciones más importantes de vuestra vida política. No por ello

---

[129] La *Vida de Máximo* es acaso la más famosa de las *Vitae Sophistae* compuestas por Eunapio. En cuanto a la dipsade, según Luciano, es una serpiente venenosa de Libia cuya mordedura provoca un ardor que devora y una sed que el agua sólo consigue aumentar. Véase Luciano, *Sobre las dipsades*, 4.

abandonamos nosotros las ciudades para habitar en los bosques y montañas salvajes, nuestro espíritu encuentra su ermita en cualquier lugar, y en las asambleas más numerosas de las mayores ciudades yo me encuentro con frecuencia en el desierto, *magna civitas, magna mihi solitudo*[130], y allí estoy comúnmente en la mayor soledad posible

Orpheus in Sylvis, inter Delphinas Arion[131].

Con tal de que mi alma pueda conservar su libertad y que sus funciones no sean oprimidas bajo el peso de vuestros inoportunos asuntos, exenta de pasión y de inquietud, ella encontrará en cada lugar Dioses con los cuales conversar, se paseará por toda la extensión de la Naturaleza, y por medio de una fuerte y vigorosa contemplación hará largas travesías y navegaciones espirituales donde descubrirá Américas y nuevos mundos plenos de riquezas y de maravillas desconocidas hasta aquí.

Diffugiunt animi terrores, moenia mundi
Discedunt, totum video per inane geri res
Apparet Divum numen, sedesque quietae [*Lucre. l. 3*][132].

---

[130] "Una gran ciudad es un gran desierto para mí". Seguramente recuerda a Erasmo (*Adagiorum chiliades*, 2.4.54): "*Magna civitas, magna solitudo*".
[131] "Orfeo en la floresta, Arión entre las sirenas" (Virgilio, *Égloga*, 8.56)
[132] "Huyen los terrores del alma, se abren las murallas del mundo, veo que a través de la totalidad del vacío surgen las cosas;

¿Crees que todos los días se encuentra en el globo intelectual lugares todavía no descifrados ni cultivados, tal como lo hemos visto aparecer materialmente ante nosotros, lugares que, por lo que se sabe, no hayan sido hasta aquí descubiertos ni habitados por nadie? Ésta es una de las correspondencias y de las relaciones más verdaderas entre el mundo grande y el pequeño. Y si el descubrimiento no se hace en uno tanto como en el otro sólo es por falta de ánimo o de destreza, por completo desprecio o abandono del arte de especular y meditar, tal es la navegación espiritual, conformándose cada uno con el conocimiento o la ciencia de sus padres, tal como uno se conformaba con las tierras de este país sin interesarse por las de Canadá. Sin embargo, cuando en este océano espiritual aparecen almas heroicas, como las de Tifis[133] o Colón, se abren rutas completamente

---

aparecen la voluntad de los dioses y sus tranquilas mansiones" (*De la naturaleza de las cosas*, 3.15-18). El pasaje completo de Lucrecio es "*nam simul ac ratio tua coepit vociferari / naturam rerum divina mente coorta / diffugiunt animi terrores, moenia mundi / discedunt. totum video per inane geri res. / apparet divum numen sedesque quietae*" ("Y es que en cuanto tu explicación, surgida de una mente divina, empezó a proclamar la naturaleza de las cosas, huyen los terrores del alma..."). Llama la atención al respecto la famosa traducción del abate Marchena, de 1791 ("Pues al momento que a gritar empieza / tu razón no ser obra de los dioses / el universo, sin parar escapan / los terrores del ánimo..."). Acaso el abate, entusiasmado por la impiedad, haya interpretado el participio "*coorta*" no en el sentido de "nacer" sino en el de "sublevarse" o "levantarse contra".

[133] El piloto de Argo, la nave que llevó a Jasón y los argonautas en busca del vellocino de oro.

nuevas, rutas que conducen a países desconocidos, plenos de rarezas y de admiración. De todas maneras, creo que poco te interesa lo que pase en otros hemisferios; en realidad, sólo me he extendido en esta conversación para justificarme y para satisfacer de alguna forma la buena voluntad que siempre me has mostrado.

FILOPONO.- No sin motivo dijo vuestro Aristóteles [*1. Poli. c. 2*] que por la soledad el hombre se volvía ἢ θηρίον, ἢ θεός, *aut fera, aut Deus*[134], pues es preciso que te confiese que si no eres algo más que lo común y humano, tienes ocurrencias y rarezas tan simpáticas que bien pueden caber bajo la figura razonable sin volverla extravagante. A Dios.

Ecce res magna, habere imbecillitatem hominis, securitatem Dei.

Sen. ep. 54[135].

---

[134] "O fiera, o Dios".
[135] "He aquí algo grande: tener la debilidad de un hombre y la seguridad de un Dios" (*Cartas morales a Lucilio*, 53.12).

ÍNDICE

INTRODUCCIÓN
por Fernando Bahr, 9

DIÁLOGO A PROPÓSITO
DE LA DIVINIDAD
ENTRE ORASIUS Y ORONTES, 39

DIÁLOGO A PROPÓSITO
DE LA VIDA PRIVADA
ENTRE FILOPONO Y HESIQUIO, 135

Se terminó de imprimir en el mes de agosto de 2005
en los Talleres Gráficos Nuevo Offset
Viel 1444, Capital Federal
Tirada: 1.200 ejemplares